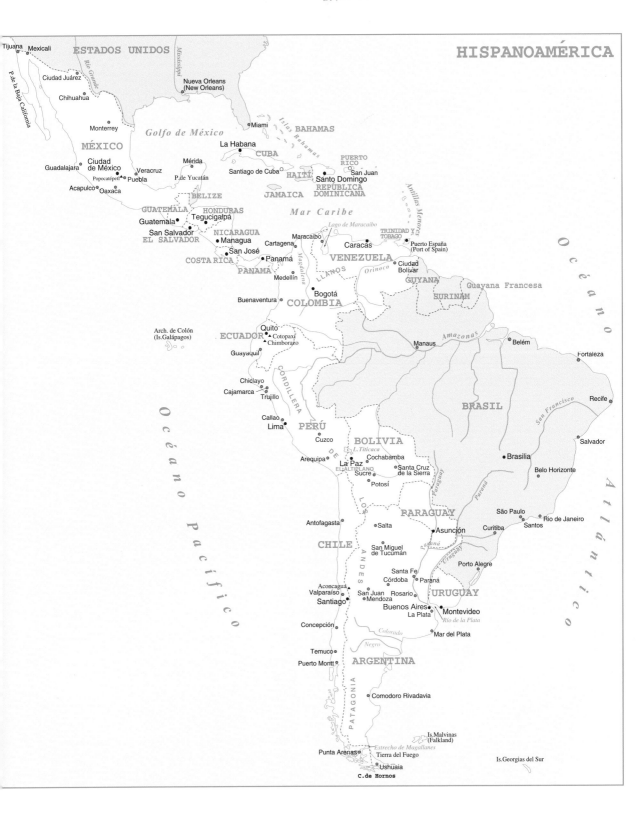

HISPANOAMÉRICA

Español activo
Edición revisada

Sayaka Shiota

Editorial ASAHI

装丁 ── メディアアート

写真（表4） ── Sayaka Shiota

イラスト ── ©shutterstock ほか

はじめに

本書は、初習外国語としてスペイン語を学ぶ人のための学習書です。

外国語を学ぶ人に求められる姿勢は、タイトルにもある形容詞、"activo" です。スペイン語の "activo" は、日本語で言う「アクティブな」、つまり「能動的な、積極的な」という意味です。「教えてもらおう」という意識ではなく、「自分から進んで学ぼう、そして積極的にスペイン語を使おう」という意志をもって学習に取り組んでもらいたいのです。

皆さんの学習を支えるための本書の基本的な考え方は以下の4点です。

1. 学習のレベルを明確に

皆さんの学習成果を自分で把握し、更なる学習に繋げてもらうために、世界的な評価基準として使用されている「ヨーロッパ共通参照枠」の A1 レベルの語彙や表現、文法事項を扱っています。

2. 能動的な学びを支える

必要な語彙や表現は自分で探せるよう、語彙・表現リストを、オンライン上に掲載しています。予習や復習の際、自分で調べましょう。文法についても、分からなくなった時に自分一人でも理解できるよう、説明と例を詳しく掲載してあります。

また、リストの語彙は品詞ごとに分類しています。その理由は、同じ品詞の語は同じように使えるからです。語の品詞を意識することで、文の構造がより理解できるようになり、表現力も向上するでしょう。動詞の活用形も並列させているので、不安になったらいつでも確認することができます。

さらに、自分で文を作る際に必要になる、本書で扱っているもの以外の語彙や表現を加えた和西版も用意しました。

3. 能動的な練習を支える

学習したことを身に付けるには何度もくり返す必要があります。ワークシートを使ってペアや小グループで行う Práctica（「口頭での練習問題」）でも、複数の練習をかなえることが可能です。

また、家での学習には、Ejercicios（本書掲載の「ドリル問題」）が役立つでしょう。答え合わせが終わって、文の意味が理解できたら、重視したいのが音読です。いつでも正しい発音を聞くことができる音声ストリーミングを必ず利用し、くり返し音読してください。

少しずつステップを踏んで、「スペイン語が使える」と実感してもらえるよう工夫をしました。

4. 能動的な言語活動を支える

各課にスペインへの旅行中に起こり得る場面を設定した Actividad（「言語活動」）を設けているので、それまでに学習したことをもとに授業で取り組んでください。その際、各自や小グループで協力し、実際にスペイン語を使うことで、自信が生まれるはずです。

最後に、本書執筆の段階から導いてくださった朝日出版社の山田敏之様、助言をいただいた神戸市外国語大学の Juan Romero Díaz 先生に心より感謝申し上げます。

皆さんの能動的なスペイン語学習に、本書が支えとなることを願っています。

2020 年　秋　　　　　　　　　　　　　　　　　　　　　　　　　　　　　　　　筆者

改訂にあたり

今回の改訂では、主に一部の Diálogo および Ejercicios を再編成しました。Ejercicios では、その都度、学習した文法項目ごとに復習したり、各課の最後に総復習として取り組んだりできるようにしました。

2022 年　秋　　　　　　　　　　　　　　　　　　　　　　　　　　　　　　　　筆者

Índice

(目次)

課	言語の働き	文法項目	語彙 （HP参照）
Lección 1 pp. 6-9	あいさつする 数を尋ねる・答える (1) スペイン語の読み方を知る 情報を尋ねる・答える	基数詞 (1) 0〜15・アルファベット・母音と子音・音節・アクセント・疑問詞 (1) *qué, cómo*・接続詞 (1) *y, o* **コラム** あいさつ	あいさつ 自己紹介 数字 (0〜15) アルファベット
Lección 2 pp. 10-13	注文・依頼する 否定する 存在を尋ねる・答える 天気について話す 数を尋ねる・答える (2) 別れのあいさつをする	名詞の性・名詞の複数形・不定冠詞・表現 ..., *por favor*・無人称 *hay*・否定文・無人称表現 (天気)・接続詞 (2) *pero*・基数詞 (2)16〜30 **コラム** 別れのあいさつ	食べ物・飲み物 料理名 場所の名称 天気 数字 (16〜30) 身の回りの物
Lección 3 pp. 14-17	出身を尋ねる・答える 身分を尋ねる・伝える 性質・性格を尋ねる・答える 印象を答える 数を尋ねる・答える (3)	主格人称代名詞・動詞 *ser* 直説法現在形・疑問詞 (2) *dónde*・形容詞・感嘆文・数、量を言う副詞 (句) (1) *muy, bastante, demasiado, un poco*・基数詞 (3) 31〜100 **コラム** スペイン語の肯定文と疑問文	国名 国籍 職業名 身分 性質を表す形容詞 量を表す副詞 (句) 身体的特徴を表す形容詞 数字 (31〜100)
Lección 4 pp. 18-21	時刻を尋ねる・答える 曜日を尋ねる・答える 状態を尋ねる・答える 所在を尋ねる・答える	定冠詞・時刻・曜日・動詞 *estar* 直説法現在形・序数詞 (1〜10) **コラム** レストランでの表現	時刻 曜日 状態を表す形容詞・副詞 場所を表す副詞 (句) スペイン語圏の観光地 序数 (1〜10の)
Lección 5 pp. 22-25	対象を特定して尋ねる・答える 所有を尋ねる・答える 日付を尋ねる・答える 値段を尋ねる・答える	指示形容詞・指示代名詞・指示代名詞中性形・所有形容詞 (前置形)・疑問詞 (3) *cuándo, cuánto, cuál, quién*・月 **コラム** スペインの通貨・金額の表現	指示形容詞 指示代名詞 所有形容詞 月 家族の名称 店の名称 金額を伝える表現

課	言語の働き	文法項目	語彙（HP参照）
Lección 6 pp. 26-29	希望を尋ねる・答える 可能・不可能を尋ねる・答える 許可を求める 依頼する 予定を尋ねる・答える 所有を尋ねる・答える 症状を尋ねる・答える 義務について尋ねる・答える	直説法現在形 querer, poder, ir, tener・疑問詞 (4) adónde, cuánto/a・数、量を言う副詞 (2) más, menos **コラム** 観光案内所での尋ね方	所有物の名称 行動を表す動詞 体の部位 症状を伝える表現 現在・未来の時を表す副詞 数・量を表す副詞
Lección 7 pp. 30-33	現在の情報を尋ねる・答える 習慣を尋ねる・答える 理由を尋ねる・答える 量・頻度を伝える 数を尋ねる・答える (4)	規則動詞直説法現在形・量、頻度を言う副詞（句）(3) mucho, no ... mucho・疑問詞 (5) por qué・前置詞 a, en, de, con, sin, para, por・基数詞 (4) 101-100 000 **コラム** 食事の回数・内容	言語 場所の名称 職場の名称 量・頻度を表す副詞（句） 学問の名称 乗り物 数字（101〜100 000） 食べ物・飲み物
Lección 8 pp. 34-37	名前を名乗る 1日の行動を伝える	再帰動詞・関係詞 que **コラム** 友達へのメールの書き方	体の部位 身に着ける物の名称 メールでの表現
Lección 9 pp. 38-41	知識や情報について尋ねる・答える 命令する 愛称で呼ぶ	直説法現在形 saber, conocer・間接目的格人称代名詞・前置詞格人称代名詞・肯定命令形 (tú, vosotros)・愛称・呼びかけ語 **コラム** 新幹線・切符の買い方	技能を表す動詞 スペイン語圏の人名 スペイン語圏の愛称
Lección 10 pp. 42-45	好みを尋ねる・答える	動詞 gustar 直説法現在形・動詞 gustar を使う時の強調や人称の明確化 **コラム** 目上の人へのメールの書き方	色 食材 スポーツ名 音楽のジャンル メールでの表現
Lección 11 pp. 46-49	経験を尋ねる・答える 最近の出来事を尋ねる・答える 聞き返す・相づちを打つ	直接目的格人称代名詞・直説法現在完了形・過去分詞 **コラム** 聞き返し、相づちの表現	時を表す副詞（句） 聞き返しの表現 相づちの表現
Lección 12 pp. 50-53	過去に起こったことを尋ねる・答える 過去の習慣を尋ねる・答える	直説法点過去形・直説法線過去形・接続詞 (3) cuando **コラム** 症状を伝える表現	過去を表す副詞（句） 頻度を表す副詞（句）

♪2

はい。/ いいえ。	**Sí. / No.**
（調子・作業の具合は）どう？	**¿Qué tal?**
とても良いよ。/ とても悪いよ。	**Muy bien. / Muy mal.**
まあまあだね。	**Más o menos. / Así así.**
すみません。	**Perdón.** (túに対して)**/ Perdona.** (ustedに対して)**/ Perdone.**
（私は）質問があります。	**Tengo una pregunta.**
○○はスペイン語でどう言いますか？	**¿Cómo se dice ○○ en español?**
○○は日本語でどういう意味ですか？	**¿Qué significa ○○ en japonés?**
○○はアルファベットでどう書きますか？	**¿Cómo se escribe ○○ en alfabeto?**
なぜですか？	**¿Por qué?**
もう一度、お願いします。	**Otra vez, por favor.**
もっとゆっくりでお願いします。	**Más despacio, por favor.**
もっと大きい/小さな声でお願いします。	**Más alto / bajo, por favor.**
（私は話している内容が）分かりません。	**No entiendo.**
（私は話している内容を）知りません。	**No sé.**
ありがとう。（本当にありがとう。）	**Gracias. (Muchas gracias.)**
どういたしまして。	**De nada.**
申し訳ありません。	**Lo siento.**
（謝罪に対して）かまいませんよ。	**No pasa nada.**
（私は）〜することができません。	**No puedo 〜** (動詞の原形)**.**
（私は）〜したいです。	**Quiero 〜** (動詞の原形)**.**

スペイン語の書き方の基本的なルール

スペイン語をこれから学ぶにあたって、以下の大切なことを頭に入れておきましょう。

● 文頭は必ず mayúscula（大文字）。   **H**ola.

● 平叙文の文末には、必ず punto（ピリオド）をつける。   Buenos días**.**

● 疑問文の前後は signos de interrogación（¿...?）を置く。   **¿** Qué tal**?**

● 感嘆文の前後は signos de exclamación（¡...!）を置く。   **¡**Bien**!**

● 単語と単語の間には 1 文字分空ける。   Hola, buenos días.

● 文中の意味の区切りには coma（カンマ）を置く。   Hola**,** buenos días.

　　　　　　　　　　　　　　　　　　　　　　　　　　　　　カンマの後は 1 文字分、間を空ける

● tilde（アクセント符号）がある単語は必ず打つ。   ¿C**ó**mo est**á**s?

● アクセント符号は右上から左下へ向けて打つ。   **í**

● 人の名前、国名などの固有名詞の最初の文字は
　 mayúscula（大文字）。   **E**stados **U**nidos de **A**mérica

● 「〜人」、「〜人の」など、国籍・形容詞を言う場合は
　 minúscula（小文字）。   Soy **e**spañol.

● 言語の語頭は minúscula（小文字）。   **e**spañol

● 月、曜日は minúscula（小文字）。   **s**eptiembre　**l**unes

● 「A と B と C」のように複数を並列する場合は、   A**,** B **y** C
　 最後以外は coma（カンマ）でつなぎ、
　 最後の語の前に y（〜と）をつける。

¡Hola!

♪ 3 **1 Números cardinales (1)** (基数詞)

0	1	2	3	4	5	6	7	8	9	10
cero	uno	dos	tres	cuatro	cinco	seis	siete	ocho	nueve	diez

11	12	13	14	15
once	doce	trece	catorce	quince

♪ 4 **2 Abecedario** (アルファベット)

A	B	C	D	E	F	G	H	I	J	K	L	M	N	Ñ
a	be	ce	de	e	efe	ge	hache	i	jota	ka	ele	eme	ene	eñe

O	P	Q	R	S	T	U	V	W	X	Y	Z
o	pe	cu	erre	ese	te	u	uve	uve doble	equis	ye	zeta

♪ 5 **3 Vocales y consonantes** (母音と子音)

母　　音： a, e, i, o, u （強母音 a e o　弱母音 i u）

二重母音： 1つの母音と見なす　　強＋弱　弱＋強　弱＋弱　　(Ej.) **eu**ro estud**ia**nte L**ui**s
三重母音： 1つの母音と見なす　　弱＋強＋弱　　(Ej.) Parag**uay** Urug**uay**
　　　　　　　　　　　　　　　　　　　　　音は [i] なので弱母音と同じ扱い

子　　音： b, v　[b]　　béisbol　voleibol
　　　　　 c　　[k]　　casa　coliflor　　[θ, s] centro　cinco
　　　　　 g　　[g]　　gorila　hambur**g**uesa　**g**uitarra　bilin**g**üe　pin**g**üino
　　　　　 　　[x]　　generación　energía
　　　　　 h　　[無音]　hotel　hospital
　　　　　 j　　[x]　　Japón　jirafa
　　　　　 k　　[k]　　kiwi　kilómetro (外来語)
　　　　　 l　　[l]　　limón　melón　　[ʎ] paella　millón
　　　　　 ñ　　[ɲ]　　España　El Niño
　　　　　 q　　[k]　　Don Quijote
　　　　　 r　　[ř]　　rosa　región　zorro　　[ɾ] Europa　cultura
　　　　　 w　　[w]　　whisky (外来語)
　　　　　 x　　[ks]　taxi　　[s] xilófono　　[x] México
　　　　　 y　　[i]　　y　Paraguay　　[j] proyecto
　　　　　 z　　[θ, s]　zoo　Zaragoza

二重子音： 1つの子音と見なす　bl br cl cr dr fl fr gl gr pl pr tr
二 重 字： 1つの文字と見なす　ch ll rr gu (gue, gui) qu (que, qui)

4 Sílaba (音節) アクセントの位置を知るために必要 ♪6

音節分けには、母音を探すことがポイント！　母音の下に軽く点を打つと分かりやすい！

① 強母音＋強母音　　　　　　　　o / es / te　　　　　　　強母音同士は分ける

② アクセント符号付きのí, ú　　　ca / fe / te / rí / a　　　二重母音にならない

③ 母音と母音の間に子音1つ　　　ca / sa　　　　　　　　子音は後ろの母音につく

④ 母音と母音の間に子音2つ　　　Es / pa / ña　　　　　前と後ろの母音に分かれてつく

⑤ 母音と母音の間に子音3つ　　　obs / tá / cu / lo　　最後の1つのみ後ろの母音につく

●1つの音節は必ず1つの母音を含む。　　a / e / ro / puer / to
●母音が2つ続けば、二重母音の可能性もあるため、要注意！
●子音が2つ続けば、二重子音の可能性もあるため、要注意！

5 Acentuación (アクセント、強勢) ♪7

① 母音または -n、-sで終わる語　　　ca/sa　jo/ven　te/nis　後ろから2つ目の音節の母音に

② -n、-s以外の子音で終わる語　　　　ho/tel　　　　　　　最後の音節の母音に

③ アクセント符号のついた語　　　　　cafetería　　　　　アクセント符号のついた母音に

●強勢は必ず母音に置かれる！
●単語の最後の文字とアクセント符号に注目すること！
●強と弱の二重母音は、強母音の方を強く読む。　　aeropuerto
●弱母音同士の二重母音は、後ろの母音を強く読む。　pingüino

6 Interrogativos (1) qué, cómo (疑問詞 qué, cómo) ♪8

qué　何・何を　　　　　　　　　　　¿Qué es?
　　　　　　　　　　　　　　　　　　対象が何かを尋ねる表現

cómo　どう・どのように　　　　　　¿Cómo te llamas?　—　Me llamo María.
　　　　　　　　　　　　　　　　　　どのように　君は自分を呼ぶの

　　　　　　　　　　　　　　　　　　¿Cómo se dice "adiós" en japonés?

●文頭に置き、文の前後に ¿？ を付ける。
●疑問詞にアクセント符号を付けるのを忘れずに！

7 Conjunciones (1) y, o (接続詞 y, o) ♪9

y　　〜と　　　　　　　　¿Y María?　Dos y tres.　　　Japonés e inglés.
　　　　　　　　　　　　　文頭、語と語、文と文をつなぐ　　後ろの語がiまたはhiの場合、eになる

o　　または　　　　　　　¿Café o té?　　　　　　　　Siete u ocho.
　　　　　　　　　　　　　語と語の間、文と文の間に置く　後ろの語がoまたはhoの場合、uになる

Ejercicios

1 自分自身の立場で _____ に書き、会話文を完成させ、何度も音読しましょう。

Un español: ¡Hola!

Tú: _____

Un español: ¿Qué tal?

Tú: _____

Un español: Muy bien también, gracias.

　　　　　　 ¿Cómo te llamas?

Tú: _____

Un español: Mucho gusto.

Tú: _____

2 🎧 次の音声を聞き、_____ に当てはまる数字を書き入れましょう。

(1) スペインの緊急時総合連絡センターの電話番号　　Es el _____.

(2) スペインの救急車の電話番号　　　　　　　　　　Es el _____.

(3) スペイン警察の電話番号　　　　　　　　　　　　Es el _____.

(4) パスポート紛失の際の電話番号　　　Es el _____ - _____ - _____.

3 🎧 次の音声を聞き、_____ に当てはまるアルファベットを大文字で書きましょう。

(1) _____　　(2) _____　　(3) _____　　(4) _____　　(5) _____　　(6) _____

4 次の単語の二重母音、二重子音、二重字の部分に下線 (_) を引きましょう。

(1) perro　(2) queso　(3) grupo　(4) apellido　(5) playa　(6) ruido　(7) tienda　(8) iglesia

5 次の名詞にスラッシュ (/) を入れて、音節に分け、アクセントのある音節に下線 (_) を引きましょう。

(1) t a x i　　(2) h a b i t a c i ó n　　(3) b i b l i o t e c a　　(4) m e d i o d í a　　(5) f l o r

(6) n o c h e　　(7) g u i t a r r a　　(8) p a e l l a　　(9) t i e m p o　　(10) i n v i e r n o

6 次の日本語に合うように、_____ に適する語を書き入れましょう。

(1) "Adiós" は日本語でどのように言いますか？　__ _____ se dice "adiós" en japonés __

(2) (相手の状態) どうですか？　　　　　　　　__ _____ tal __ — Muy bien, gracias.

7 次の日本語に合うように、_____ に適する語を書き入れましょう。

(1) 東？それとも西？　　　　　　　　　　¿Este _____ oeste? — Este.

(2) ミルクと砂糖をください。　　　　　　Leche _____ azúcar, por favor. — Sí.

(3) 調子はどう？　－まあまあですね。　　¿Qué tal? — Más _____ menos.

8

Diálogo

En el avión
（飛行機で①）

Un turista japonés:	Hola.
Una española:	Hola.
Un turista japonés:	¿Qué tal?
Una española:	Muy bien, ¿y tú?
Un turista japonés:	Muy bien, gracias.
	Me llamo _____.
	¿Cómo te llamas tú?
Una española:	Me llamo María.
Un turista japonés:	Mucho gusto, María.
Una española:	Encantada.

Recreo

Hola.	24時間いつでも使え、誰に対しても使えるあいさつです。
Buenos días.	明け方から昼食前（14時くらい）まで使えます。
Buenas tardes.	昼食後（大体15時〜）から夕食前（21時くらい）まで言います。
Buenas noches.	夜寝る前が基本ですが、21時頃からのあいさつとしても使われます。

口語で省略して、時間帯に関係なく **Buenas** と言われることもあります。

Hola, buenos días のように、2つを組み合わせて使うことも多いですよ。

お店やエレベータに入る際も、**Hola** のあいさつは必須です。

Clara

Lección 2 — Un café, por favor

♪13 1 Género del sustantivo （名詞の性）

名詞はすべて、性を持っている：話者の性別は関係ない

男性名詞 　（例）Antonio, chico, amigo, baño, camarero, grupo, libro, café, taxi, reloj

女性名詞 　（例）Antonia, chica, amiga, cafetería, camarera, pareja, estación, televisión,
　　　　　　　ciudad, facultad, clase

男女同形の名詞 　（例）estudiante, conserje, cantante, turista

<例外>

-a で終わる男性名詞　　idioma, sofá

-o で終わる女性名詞　　mano, foto

●単語リストを参照すること。

♪14 2 Plural del sustantivo （名詞の複数形）

母音で終わる語：**s**をつける　　chico → chic<u>os</u>

子音で終わる語：**es**をつける　　hospital → hospital<u>es</u>

●音節が変化するため　アクセント符号が消える。　habitación → ha/bi/ta/cio/n**es**
　　　　　　　　　　　アクセント符号をつける。　examen → e/xá /me/n**es**

●ze, zi の綴りは、ce, ci に変える。　vez → ve**ces**

♪15 3 Artículo indefinido （不定冠詞）

1つの〜・1人の〜・ある〜

	男性	女性
単数	un amigo	una amiga

いくつかの〜・数人の〜 (数をはっきり言わない)

	男性	女性
複数	unos amigos	unas amigas

• 可算名詞で不特定の場合、名詞の前に不定冠詞を置く　　Una pregunta.
　　名詞の性・数に合わせる

• 不定冠詞を複数形にすると、「いくつかの〜・数人の〜」を意味する　Unas preguntas.

♪16 4 Expresión ..., por favor （表現 ..., por favor）

• 依頼する文には、文末に　..., por favor をつける　Un taxi, **por favor**.

• 「お願いします」と懇願する際も、単独で使う　**Por favor**.

5 **Presente de indicativo de *haber* impersonal** （直説法現在形 haber 無人称 hay） 17

不特定のもの・人の存在の有無 (〜がある・〜がいる)

	疑問文	肯定文	否定文
無冠詞	¿**Hay** clase hoy? ↗	/ **Hay** clase hoy.	/ No **hay** clase hoy.
不定冠詞	¿**Hay** un hotel cerca? ↗	/ **Hay** un hotel cerca.	/ No **hay** un hotel cerca.
数詞	¿**Hay** cinco fotos? ↗	/ **Hay** cinco fotos.	/ No **hay** cinco fotos.
不定形容詞	¿**Hay** mucha gente? ↗	/ **Hay** mucha gente.	/ No **hay** mucha gente.

6 **Frases negativas** （否定文） 18

・〜ない	no を動詞の前に置く	**No** hay clase hoy.	**No** hay taxis aquí.
・AもBもない	AとBの間にni を置く	**No** hay té **ni** café.
・疑問文に対する回答	no は2度置く	**No**, **no** hay clase.
		いいえ　〜ない

7 **Oraciones impersonales** （無人称表現） 19

¿Qué tiempo hace?

 Hace sol.　 Hace viento.　 Llueve.　 Nieva.

8 **Conjunción (2) *pero*** （接続詞 pero） 20

pero　しかし　　　Hoy hace sol, **pero** mañana llueve.

9 **Números cardinales (2)** （基数詞） 21

16	17	18	19	20
dieciséis	diecisiete	dieciocho	diecinueve	veinte
21	22	23	24	25
veintiuno/a	veintidós	veintitrés	veinticuatro	veinticinco
26	27	28	29	30
veintiséis	veintisiete	veintiocho	veintinueve	treinta

● uno は後ろに男性名詞が続く場合、un になりアクセント符号をつける。　21人の少年　veinti**ún** chicos
● uno は後ろに女性名詞が続く場合、una になる。　　　　　　　21人の女性　veinti**una** mujeres

Ejercicios

1 次の名詞を調べて意味を理解し、性を**( )**に、複数形を＿＿＿＿にそれぞれ書き入れましょう。

例）libro（男）libros

(1) zapato（ ）＿＿＿＿＿＿ (2) mesa（ ）＿＿＿＿＿＿ (3) mano（ ）＿＿＿＿＿＿

(4) día（ ）＿＿＿＿＿＿ (5) mes（ ）＿＿＿＿＿＿ (6) actriz（ ）＿＿＿＿＿＿

(7) habitación（ ）＿＿＿＿＿＿ (8) avión（ ）＿＿＿＿＿＿ (9) examen（ ）＿＿＿＿＿＿

2 次の語彙に適する不定冠詞を書き入れ、意味を理解しましょう。

(1) ＿＿＿＿ plátano (2) ＿＿＿＿ naranjas (3) ＿＿＿＿ huevos (4) ＿＿＿＿ camarero

(5) ＿＿＿＿ librería (6) ＿＿＿＿ años (7) ＿＿＿＿ fotos (8) ＿＿＿＿ actividad

3 次の日本語に合うように、＿＿＿＿に適する語を書き入れましょう。

コーヒーを1杯お願いします。 －承知しました。

＿＿＿＿＿＿ ＿＿＿＿＿＿＿, ＿＿＿＿＿ ＿＿＿＿＿＿. －＿＿＿＿＿ ＿＿＿＿＿＿.

4 次の日本語に合うように、＿＿＿＿に適する語を書き入れましょう。

(1) 近くにタクシーはいますか？ －はい、数台いますよ。

＿＿ ＿＿＿＿＿＿ taxis cerca ＿＿ － ＿＿＿＿＿＿, ＿＿＿＿＿＿ unos.

(2) ここに教科書が数冊ありますよ。 －ああ、ありがとうございます。

Aquí ＿＿＿＿＿＿ ＿＿＿＿＿＿ ＿＿＿＿＿＿ de texto. –Ah, ＿＿＿＿＿＿.

5 次の日本語に合うように、＿＿＿＿に適する語を書き入れましょう。

(1) 近くにトイレはありますか？ －いいえ、ここにはありません。

＿＿ ＿＿＿＿＿＿ ＿＿＿＿＿＿ baño cerca ＿＿ －＿＿＿＿＿, aquí ＿＿＿＿＿ ＿＿＿＿＿ baño.

(2) ミルクも砂糖もない。 ＿＿＿＿＿ ＿＿＿＿＿ leche ＿＿＿＿＿ azúcar.

6 🎧 次の会話文を音声で聞き、適する天候を
右から選び＿＿＿＿に記号で答えましょう。 　A ☀ 　B 🌤 　C 🌧 　D ⛄

(1) ＿＿＿＿＿＿ (2) ＿＿＿＿＿＿ (3) ＿＿＿＿＿＿ (4) ＿＿＿＿＿＿

7 次の日本語に合うように、＿＿＿＿に適する語を書き入れましょう。

病院は(1軒)ありますか？ －いいえ、でも薬局なら1軒あります。

＿＿ ＿＿＿＿＿ hospital ＿＿ －＿＿＿, ＿＿＿＿＿＿ ＿＿＿＿＿＿ farmacia.

8 🎧 次の数字を音声で聞き、数字とアルファベットの両方で書きましょう。 例）1 uno

(1) ＿＿＿＿ － ＿＿＿＿ ＿＿＿＿ － ＿＿＿＿

(2) ＿＿＿＿ － ＿＿＿＿ ＿＿＿＿ － ＿＿＿＿

Diálogo

En el avión
（飛行機内で②）

Un turista japonés:	Hola.
Una azafata española:	Hola. ¿Para beber? お飲みものは？
Un turista japonés:	¿Qué hay?
Una azafata española:	Zumo de manzana, zumo de naranja, agua, café y té.
Un turista japonés:	¿No hay infusiones?
Una azafata española:	No, no hay infusiones.
Un turista japonés:	Entonces, un café, por favor. それでは
Una azafata española:	De acuerdo. ¿Unos caramelos?
Un turista japonés:	Sí, muchas gracias.
Una azafata española:	De nada.

2

Un café, por favor

Recreo
別れのあいさつのバリエーション

よく耳にする **Adiós** 以外にもたくさんありますよ。

Hasta luego.	（またね；今後も会う相手に対して使う。最もよく使われる表現）
Hasta mañana.	（また明日）
Hasta pronto.	（またすぐに；次にいつ会えるか分からない相手に対して使う）
Hasta ahora.	（また後で；すぐ後に会う予定の相手に対して使う）
Chao.	（じゃあね；基本的に親しい相手に使う）

お店を後にする際も、お礼と別れのあいさつをしましょう。

Lección 3

¿De dónde eres?

🎵25 **1** Pronombres personales de sujeto (主格人称代名詞)

	Singular		Plural	
1人称	yo	(私)	nosotros nosotras	(私たち；男性を含む) (私たち；女性のみ)
2人称	tú	(君)	vosotros vosotras	(君たち；男性を含む) (君たち；女性のみ)
3人称	usted él ella	(あなた) (彼) (彼女)	ustedes ellos ellas	(あなたがた) (彼ら) (彼女ら)

私も。	**Yo** también.	～も：también (肯定)
君は？	¿Y **tú**? ⤴	
私たちは違います。	**Nosotros** no.	
あなたがたも (違うの)？	¿**Ustedes** tampoco? ⤴	～もない：tampoco (否定)

●強調したい時など必要がなければ主語は不要。3人称は文脈の最初につけることが多い。

🎵26 **2** Presente de indicativo de *ser* (動詞ser直説法現在形)

ser

	S	P
1	soy	somos
2	eres	sois
3	es	son

- ～である (名前・職業・国籍)　　ser ＋ 名詞 (冠詞なし)　　　**Soy** estudiante.
- ～である (出身・材料・所有)　　ser de ＋ 名詞 (冠詞なし)　　**Soy de** Japón.
- (短期間で変化しない) 性質を言う　ser ＋ 形容詞　　¿Cómo **es** Carlos? — **Es** rubio.

  主語は動詞の後に置く

- 数・量を言う　　　　　　　　　ser ＋ 数詞　　　　　　　　**Somos** tres.

🎵27 **3** Interrogativo (2) *dónde* (疑問詞 dónde)　　●疑問詞の直後に動詞の活用形を置く。
　　　　　　　　　　　　　　　　　　　　　　　　　　　　　　(主格人称代名詞は動詞の後ろ)

dónde どこ	¿De **dónde** eres tú?	— Soy de Kioto.
	～から　　疑問詞の直後は動詞の活用形	～から

🎵28 **4** Adjetivos calificativos (形容詞)

文の述語になる (動詞＋形容詞)

- o またはa で終わる語は名詞の性・数に合わせる

  Pedro es simpátic**o**.　　　Ana y Carmen son guap**as**.

男性単数　　　　　　　　　女性複数

- o またはa以外で終わる語は名詞の数に合わせる

  Pedro es alegre.　　　　Ana y Carmen son amable**s**.

単数　　　　　　　　　複数

14

名詞の説明をする (名詞＋形容詞 / 形容詞＋名詞)

- 基本的に名詞＋形容詞の順　　　　　　　**Es un supermercado grande.**
　　　　　　　　　　　　　　　　　　　　　　　スーパーマーケット　　大きい
　　　　　　　　　　　　　　　　　　可算名詞と一緒に形容詞を言う場合、冠詞が必要

- bueno, malo は通常形容詞＋名詞の順　**Son unos buenos chicos.** (= Son unos chicos **buenos**.)
　　　　　　　　　　　　　　　　　　　　　　　　　良い　　少年たち

- bueno, malo は**男性単数名詞の前で** buen, mal になる

　　　　　　　　　　　　　Hace buen tiempo.　　　　**Hace mal tiempo.**
　　　　　　　　　　　tiempo が不可算名詞のため冠詞は不要　　天気は必ず形容詞が前

- 主に職業の場合は形容詞の位置で意味が変わることもある

　　　　　　　　　　　　　Es un buen camarero.　　　**Es un camarero bueno.**
　　　　　　　　　　　　　　　　よく働く　　　　　　　　　　　　　　（人柄）良い

- grande は「偉大な」の意味の場合、単数名詞の前で gran になる

　　　　　　　　　　　　　Es un gran director.　　　※ **Es una casa grande.**
　　　　　　　　　　　　　　　偉大な　　監督　　　　　　　　　　　家　　　大きな

5 Oración exclamativa (感嘆文)

- 文の最初と最後に感嘆符 (¡ !) をつける　　　　　　　**¡Qué frío!**
　　　　　　　　　　　　　　　　　　　　　　　　　　　　名詞

- Qué「なんて」を文頭につけ、後ろに名詞、形容詞、副詞を置く　**¡Qué bien!**
　　　　　　　　　　　　　　　　　　　　　　　　　　　　　　副詞

- 形容詞は指す名詞の性・数に合わせる　(tartas を指して) **¡Qué caras!**
　　　　　　　　　　　　　　　　　　　　　　　　　　　　　　形容詞

6 Adverbios de cantidad (1) *muy, bastante, demasiado, un poco*

　　　　　　　　　　　　　　　　　　　　　　（数・量を言う副詞・副詞句）

muy	とても	**Eres muy guapa.**	**Muy bien.**
		形容詞	副詞
bastante	かなり	**Él es bastante inteligente.**	**Bastante bien.**
		形容詞	副詞
demasiado	あまりに・過度に	**Es demasiado caro.**	
		形容詞	
un poco	少し	**Es un poco difícil.**	
		形容詞	

●副詞は形容詞や他の副詞の前に置き、意味を加える。副詞の形は常に変化しない。

7 Números cardinales (3) (基数詞)

| **31** | **32** | **33** | **34** | **35** | • • • |
| treinta y uno/a | treinta y dos | treinta y tres | treinta y cuatro | treinta y cinco | |

| **40** | **50** | **60** | **70** | **80** | **90** | **100** |
| cuarenta | cincuenta | sesenta | setenta | ochenta | noventa | cien |

●31以降99までは、「十の位 y 一の位」で言う。　45　cuarenta **y** cinco
　　　　　　　　　　　　　　　　　　　　　　　　　40　　と　　5

●uno は後ろに男性名詞が続く場合、un になる。　31人の少年　treinta y **un** chicos

●uno は後ろに女性名詞が続く場合、una になる。　41人の女性　cuarenta y **una** mujeres

Ejercicios

1 次の日本語に合うように、＿＿＿ に適する語を書き入れましょう。

(1) あなたは？ ¿Y ＿＿＿＿＿＿＿？

(2) 君も？ ¿ ＿＿＿＿＿＿＿ ＿＿＿＿＿＿＿？

(3) 私は違います。 ＿＿＿＿＿＿＿ ＿＿＿＿＿＿＿.

(4) 僕たちも違います。 ＿＿＿＿＿＿＿ ＿＿＿＿＿＿＿.

2 次の会話文に合うように、＿＿＿ に適する語を書き入れましょう。

A: 君はダニエルですか？ ＿＿ ＿＿＿＿＿＿＿ Daniel ＿＿

B: はい、そうです。 Sí, ＿＿＿＿＿＿＿ ＿＿＿＿＿＿＿.

君はどういう名前ですか？ ＿＿ ＿＿＿＿＿＿＿ te llamas ＿＿＿＿＿＿＿ ＿＿

3 次の会話文に合うように、＿＿＿ に適する語を書き入れましょう。

A: 君たちはどこの出身ですか？ ＿＿ De ＿＿＿＿＿＿＿ ＿＿＿＿＿＿＿ ＿＿

B: 日本出身です。 ＿＿＿＿＿＿＿ ＿＿＿＿＿ Japón.

4 次の日本語に合うように、＿＿＿ にスペイン語1文で書きましょう。

(1) 彼女たちは感じが良いです。 ＿＿＿＿＿＿＿＿＿＿＿＿＿＿＿＿＿

(2) (1軒)大きな家ですね。 ＿＿＿＿＿＿＿＿＿＿＿＿＿＿＿＿＿

(3) 今日はいい天気だ。 ＿＿＿＿＿＿＿＿＿＿＿＿＿＿＿＿＿

5 次の日本語に合うように、＿＿＿ にスペイン語1文で書きましょう。

(1) なんて暑いんだ！ ＿＿＿＿＿＿＿＿＿＿＿＿＿＿＿＿＿

(2) (カメラ1台を指して)なんて安いんだ！ ＿＿＿＿＿＿＿＿＿＿＿＿＿＿＿

6 次の人物について、例を参考に、スペイン語で自由に4文以上で説明しましょう。

(Ej.) Ellos son Miguel y Carlota. Son venezolanos. Son **muy** simpáticos y amables. Son **bastante** inteligentes.

(1)

Adriana
フランス人

(2)

Mark   Mathew
イギリス人

7 🎧 次の数字を音声で聞いて ＿＿＿ に書きとり、計算をして解答を ＿＿＿ に書き入れましょう。

(1) ＿＿＿＿＿＿ ＋ ＿＿＿＿＿＿ ＝ ＿＿＿＿＿＿.

(2) ＿＿＿＿＿＿ − ＿＿＿＿＿＿ ＝ ＿＿＿＿＿＿.

Diálogo

En una parada de autobús
（あるバス停で）

Un anciano español: Perdona, ¿de dónde eres tú?

Una turista japonesa: Soy de Japón.

Un anciano español: Ah, de Japón... muy lejos, ¿verdad?

Una turista japonesa: Sí, bastante lejos, veinte horas en avión.
飛行機で

Un anciano español: ¡Vaya!
まあ
¡Qué lejos!

Una turista japonesa: Sí.

Un anciano español: ¿Cómo es Japón?

¿Es bonito?

Una turista japonesa: Sí, es un país pequeño, pero hermoso.

España también es bonito.

Un anciano español: Sí, hay muchas cosas bonitas.
もの

Una turista japonesa: Es verdad.
本当のこと

Recreo

スペイン語の文はとてもシンプルです。

¿Él es de México? （彼はメキシコ出身なの？）↗

Él es de México. （彼はメキシコ出身です）↘

上記の文の違いは、疑問符(¿ ?)がついているかどうかです。
口頭では、言う時に上げ調子にすれば疑問文、下げ調子にすれば平叙文ということです。

¿Dónde está?

34 **1** **Artículo definido** （定冠詞）

（単数）その〜・例の〜

	男性	女性
単数	el amigo	la amiga

（複数）その〜・例の〜

	男性	女性
複数	los amigos	las amigas

• 名詞の前に置き、特定を表す

• 総称の意味を持つ

• 呼びかけ以外の名字の前にはその人の性に合わせた定冠詞を置く

¿Eres **el** amigo de Juan?　— Sí, soy yo.
フアンの友達

Los japoneses son amables.

La señora Iglesias es simpática, ¿verdad?　　Hola, señora Iglesias.
イグレシアスさん　　　　　　　　　　　　　　　　　（呼びかけ）イグレシアスさん

●定冠詞は**特定の名詞**の前に置く。

35 **2** **La hora** （時刻）

• 今の時刻を尋ねる　　**¿Qué hora es?**

 Es la una (hora).
単数　女性形

 Es la una y diez (de la mañana).
午前の

 Son las dos y cuarto. = Son las dos y quince.
複数　　　　　15分

 Son las dos y media. = Son las dos y treinta.
複数　　　　　半

 Son las seis menos **veinticinco** (de la tarde). = Son las cinco y treinta y cinco.
6時　　　　　　　　　　　　　午後の

 Son las diez menos cuarto (de la noche). = Son las nueve y cuarenta y cinco.
10時　　　　　　　　　　夜の

● 「〜時である」という場合、動詞はserを使い、女性定冠詞を数字の前につける。
● 「15分」はcuarto、「30分」はmediaを使うことが多い。
● 31分以上は、1時間前倒し、分を引く形を取ることが多い。　2時50分　→ Son las **tres** menos diez.
● 13時以降の時間帯を明確にする際は「午後1時」と言うことが多い(13〜24時は書き言葉)。

36 **3** **Días de la semana** （曜日）

lunes	martes	miércoles	jueves	viernes	sábado	domingo
月曜日	火曜日	水曜日	木曜日	金曜日	土曜日	日曜日

• 曜日を尋ねる

¿Qué día es hoy?　　　　　　　　　　　　— Hoy es **martes**.
　　　　　　　　　　　　　　　　　　　　　　　冠詞は不要

¿Qué día**s** hay clase**s** de español?　　　— Los **martes** y los **sábados**.
　　　　　　　　　　　　　　　　　　　　　　　　単複同形　　　　複数形

●曜日名のはじめは小文字で。

●「〜曜日に」と特定して言う場合、男性定冠詞 el をつけ、前置詞は不要。

●「毎週〜曜日」と言う場合は、男性定冠詞の複数形 los をつける。

●月曜日〜金曜日は単複同形、sábado と domingo の複数形は s がつく。

Vamos **el** jueves.

los martes

los sábado**s**

4 Presente de indicativo de *estar* (動詞 estar 直説法現在形) ♪37

estar

	S	P
1	estoy	estamos
2	estás	estáis
3	está	están

• 〜である (状態)　　estar + 形容詞　　El plato **está** rico.　**Estoy** enfermo.
　　　　　　　　　　　　　　　　　　　美味しい　　　　(主語の性・数に合わせる)

　　　　　　　　　　estar + 副詞　　¿**Estás** bien? — No, **estoy** mal.

• 〜にある・いる (所在)　estar + en + 場所　　Estamos en la universidad.

　　　　　　　　　　estar + 場所を表す副詞 (句)　Ana **está** allí.

●ここ・そこ・あそこ (指しているものと話し手の距離)：**aquí　ahí　allí**

●近くに・遠くに（距離）：**cerca　lejos**

●左に・右に（方向）：**a la izquierda　a la derecha**

★ hay は「不特定のもの・人の存在の有無」、estar は「特定のもの・人の所在の有無」を表す

Hay un baño allí.　　　存在：あそこに**トイレ**が１つある。

El baño **está** allí.　　　所在：(話者も聞き手も存在を知る) その**トイレ**はあそこにある。

5 Números ordinales (序数詞) ♪38

1.º/1.ª	2.º/2.ª	3.º/3.ª	4.º/4.ª	5.º/5.ª	6.º/6.ª	7.º/7.ª	8.º/8.ª	9.º/9.ª	10.º/10.ª
primero/a	segundo/a	tercero/a	cuarto/a	quinto/a	sexto/a	séptimo/a	octavo/a	noveno/a	décimo/a

¿En qué curso estás?　— Estoy en **el primer** curso.
　何年に（学年）　　　　　　primero と tercero は男性単数名詞の前で primer, tercer になる

¿En qué planta está la oficina de Juan? — Está en **la segunda** (planta).
　何階に　　　　　　　　　　　　　　　　　　　　　　　　　　省略可能

●序数を名詞の前に置き、性・数を一致させる。　　la quinta pregunta　　los primer**os** años

●建物の階は序数を用いる。　　　　　　　　　　(住居) el cuarto **piso**

　　　　　　　　　　　　　　　　　　　　　　(住居以外の建物) la séptima **planta**

●人名「〜世」は名前の後ろに置き、冠詞は不要。　Felipe II (**segundo**)
　　　　　　　　　　　　　　　　　　　　　　フェリペ2世

●世紀は1〜10までは序数、11からは基数で言う。　el siglo V (**quinto**)　　el siglo XXI (**veintiuno**)

Ejercicios

❶ 次の日本語に合うように、_____ に適する語を書き入れましょう。

(1) （特定）その自転車は高価です。　_____ bicicletas _____ _____.

(2) ソト先生は陽気です。　　　　　　_____ profesor Soto _____ _____.

(3) （特定）その靴は素敵です。　　　_____ zapatos _____ _____.

❷ 次の時刻を _____ にスペイン語1文で書きましょう。

(1) _____

(2) _____

❸ 次の質問に対して、_____ にスペイン語1文で答えましょう。

(1) ¿Qué día es hoy?　　　　　　　　– _____

(2) ¿Qué días hay clases de español?　– _____

❹ 次の日本語に合うように、_____ に適する語を書き入れましょう。

(1) カストール、君の調子はどう？　　¿Cómo _____, Castor?

　　少し疲れているよ。　　　　　　　_____ _____ _____ cansado.

(2) （家で）トイレはどこにありますか？　¿_____ _____ _____ baño?

　　そこにあるよ。　　　　　　　　　_____ _____.

(3) こちらにマルティネスさんはいますか？　¿_____ aquí _____ señora Martínez?

　　はい、庭にいますよ。　　　　　　_____, _____ en _____ jardín.

♪ 39 ❺ 🎧 次の音声を聞いて質問を _____ に書き取り、自分の立場で _____ にスペイン語1文で答えましょう。

(1) ¿En _____

_____

(2) _____

_____

Diálogo

En una calle
(ある通りで)

Un turista japonés:	Perdona.
Una joven española:	¿Sí?
Un turista japonés:	¿Hay un baño por aquí?
	No estoy bien.
Una joven española:	Pues, por aquí no hay baños públicos.
Un turista japonés:	¿No?
	¿No hay bares ni cafeterías cerca?
Una joven española:	Sí, hay un bar.
Un turista japonés:	Ah, ¡qué bien!
	¿Dónde está?
Una joven española:	Está allí a la derecha.
Un turista japonés:	Muchas gracias.
Una joven española:	De nada.

Recreo

スペインのレストランは基本的に昼食時の13時～16時頃まで営業し、一旦閉店後、再び夕食時の20時～深夜1時くらいまで開いています。スペインでは、カジュアルな食事処ではなく、特別な時におしゃれをして出かけるような場所です。

注文する順番は、飲み物→前菜→メインディッシュ→デザート（もしくはコーヒーや紅茶などの飲み物）の順です。

料理が運ばれてくるとき、ホールスタッフは、「召し上がれ」という意味で **Buen provecho** や **Que aproveche** と言います。客は、お礼を言うのがマナーです。また、食事の最中に、ホールスタッフがやってきて、**¿Todo bien?** や **¿Qué tal está el plato?** などと尋ねることも多いです。料理やサービスに問題なければ、**Muy bien** や **Está muy bueno/a** などと答えましょう。

支払いは、テーブルに座ったままで人差し指を立てた状態で手を挙げたり、目配せをしたりしてスタッフを呼び、請求書を持ってきてもらうように伝えます。

¿Qué es esto?

♪41 **1 Adjetivos demostrativos** (指示形容詞)

この こちらの	**este** chic**o**		これらの こちらの	**estos** chic**os**	
	esta chica			estas chicas	
その そちらの	**ese** chic**o**		それらの そちらの	**esos** chic**os**	
	esa chica			esas chicas	
あの あちらの	**aquel** chic**o**		あれらの あちらの	**aquellos** chic**os**	
	aquella chica			aquellas chicas	

• 話し手からの位置に合わせて3段階　　この〜・その〜・あの〜

• 名詞の前に置き、名詞の性・数に合わせる　　　es**e** libr**o**　　　aquell**as** cas**as**

♪42 **2 Pronombres demostrativos** (指示代名詞)

これ こちら	(chicoを指して) **este**		これら こちら	(chicosを指して) **estos**	
	(chicaを指して) esta			(chicasを指して) estas	
それ そちら	(chicoを指して) **ese**		それら そちら	(chicosを指して) **esos**	
	(chicaを指して) esa			(chicasを指して) esas	
あれ あちら	(chicoを指して) **aquel**		あれら あちら	(chicosを指して) **aquellos**	
	(chicaを指して) aquella			(chicasを指して) aquellas	

• 形は指示形容詞と全く同じだが、名詞の代わりのため、後ろに名詞は置かない　　これ・それ・あれ

• 指す名詞の性・数に合わせる　　　　　¿Quién**es** son **aquellas**?
　　　　　　　　　　　　　　　　　　　　　誰　　　　　女性・複数

♪43 **3 Pronombres demostrativos neutros** (指示代名詞中性形)

これ このこと	**esto**	それ そのこと	**eso**	あれ あのこと	**aquello**

• 指す対象の性が分からないもの、抽象的なことは中性形を使う　　¿Qué es **esto**?
　　　　　　　　　　　　　　　　　　　　　　　　　　　　対象が複数でも、単数扱い

4 Adjetivos posesivos （所有形容詞）

♪44

私の	mi	libro	私たちの	nuestro nuestros	libro libros
	mis	libros		nuestra nuestras	casa casas
君の	tu	libro	君たちの	vuestro vuestros	libro libros
	tus	libros		vuestra vuestras	casa casas
あなたの 彼の 彼女の	su	libro	あなたがたの 彼らの 彼女らの	su	libro
	sus	libros		sus	libros

• 名詞の前に置き、名詞の性・数に合わせる 　　　 mis zapatos 　　 vuestra universidad

5 Interrogativos (3) *cuándo, cuánto, cuál, quién* （疑問詞 cuándo, cuánto, cuál, quién）

cuándo 　いつ 　　　　¿**Cuándo** es tu cumpleaños? — Es el 15 de abril. 　　♪45

cuánto 　いくら 　　　¿**Cuánto** es este vaso? — Son diez euros.

cuál 　どれ・どちら 　¿**Cuál** es tu libro? — Es este.

　　　　　　　　　　　¿**Cuáles** son tus zapatos? — Son esos.
　　　　　　　　　　　　　複数　　　　　　複数

quién 　誰 　　　　　¿**Quién** es usted? — Soy Eduardo López González.

　　　　　　　　　　　¿**Quiénes** son aquellos? — Son mis hermanos.
　　　　　　　　　　　　複数　　　　　　複数

●疑問詞にはアクセント符号を忘れずに！

6 Meses （月）

♪46

enero	febrero	marzo	abril	mayo	junio
1月	2月	3月	4月	5月	6月
julio	agosto	septiembre	octubre	noviembre	diciembre
7月	8月	9月	10月	11月	12月

• 日付を尋ねる

¿A qué estamos hoy? 　— Estamos a 10 de julio.
　　　　　　　　　　　　　　　今日の日付は冠詞は不要

= ¿Qué fecha es hoy? 　— Es 1 de enero. (= Es primero de enero.)
　　　　　　　　　　　　　　uno　　　　　ラテンアメリカでは1日だけは primero が使われる

¿Cuándo es la fiesta? 　— Es el 3 de septiembre.
　　　　　　　　　　　　　　冠詞が必要

●月名のはじめは小文字で書く。 　　　　　　Es el 1 de **e**nero.
●今日の日付を言う場合は定冠詞は不要。 　　Estamos a 13 de enero.
●特定の日付を言う場合は定冠詞 el が必要。 　Es **el** 5 de enero.
●「〜月に」は前置詞 en を用いる。 　　　　　**En** julio hay exámenes.

Ejercicios

❶ 次の日本語に合うように、＿＿＿＿に適する語を書き入れましょう。

(1) ここ数日僕は緊張している。 ＿＿＿＿＿＿＿ días estoy nervioso.

(2) あの家は誰の家ですか？ ¿De quién es ＿＿＿＿＿＿ casa?
　　　　　　　　　　　　　　　　　～の

(3) その銀行は有名です。 ＿＿＿＿＿＿＿ banco es famoso.

❷ 次の日本語に合うように、＿＿＿＿に適する語を書き入れましょう。

(1) あちらがラケルのビルです。 ＿＿＿＿＿＿＿ es el edificio de Raquel.

(2) (chicosを指して)そちらはどなたですか？ ¿Quiénes son ＿＿＿＿＿＿?

(3) こちらがMaríaさんです。 ＿＿＿＿＿＿＿ es María.

❸ 次の日本語に合うように、＿＿＿＿に適する語を書き入れましょう。

(1) その通りです。(それです。) ＿＿＿＿＿＿ es.

(2) あれは何ですか？ ¿Qué es ＿＿＿＿＿＿?

(3) これは何ですか？ ¿＿＿＿＿＿ ＿＿＿＿＿＿ ＿＿＿＿＿＿?

❹ 次の日本語に合うように、＿＿＿＿に適する語を書き入れましょう。

(1) 君たちの村は素敵だね。 ＿＿＿＿＿＿＿ pueblo es bonito.

(2) 私の兄弟はチリにいます。 ＿＿＿＿＿＿＿ hermanos están en Chile.

(3) 私たちの大学は古いです。 ＿＿＿＿＿＿＿ universidad es antigua.

(4) 彼の両親は社交的です。 ＿＿＿＿＿＿＿ padres son sociables.

❺ 次の人物を例にならって、＿＿＿＿にスペイン語で紹介しましょう。

(Ej.) 4m先にいる
とても強い兄

Ese chico es mi hermano mayor.
Es muy fuerte.

(1) 100m先にいる
良い弟

＿＿＿＿＿＿＿＿＿＿＿＿＿＿
＿＿＿＿＿＿＿＿＿＿＿＿＿＿

(2) すぐ横にいる
優しい女友達

＿＿＿＿＿＿＿＿＿＿＿＿＿＿
＿＿＿＿＿＿＿＿＿＿＿＿＿＿

❻ 次の日本語に合うように、＿＿＿＿に適する語を書き入れましょう。

(1) いくらですか？ ＿ ＿＿＿＿＿＿ es ＿

(2) そのテストはいつですか？ ＿ ＿＿＿＿＿＿ es el examen ＿

(3) どれがあなたのメガネですか？ ＿ ＿＿＿＿＿＿ son ＿＿＿＿＿ gafas ＿

♪47 ❼ 🎧 次の音声を聞いて質問を........に書き取り、自分の立場で＿＿＿＿にスペイン語1文で答えましょう。

(1) ¿A ....

....

(2) ....

....

Diálogo

En una frutería

(ある果物屋で)

Un turista japonés:	Hola.
	¿Hay naranjas pequeñas?
Una dependienta española:	¿Mandarinas?
Un turista japonés:	¿Qué es eso?
Una dependienta española:	Son naranjas pequeñas y dulces.
	Mira, estas son mandarinas.

ほら

Un turista japonés:	¿Cuánto es?
Una dependienta española:	Tres con veinte.
Un turista japonés:	Muy bien.
	¿Qué es esto?
Una dependienta española:	Son frutas de la pasión.
Un turista japonés:	Ah, en mi país estas no son comunes.

comúnの複数形

	Entonces estas también, por favor.
Una dependienta española:	Muy bien, en total son cinco con veinte.

Recreo

スペインの通貨はユーロ（€）です。日常の買い物の場面では1〜100までの数字を見聞きすることが多いはずです。スペインでは、レジで金額を言われる際に、通貨の「ユーロ」まで言うことはあまりありません。また、言われる速度も速いので、しっかりと数字のリスニング練習をしておきましょう。

例えば、レジで1ユーロ50セント（表示は1,50 €）と言われる場合、

Uno con cincuenta もしくは
Uno cincuenta と略して伝えられます。

Un euro con cincuenta céntimos と言われることはほとんどありません。

Voy a visitar la Sagrada Familia

♪ 49 **1** **Presente de indicativo de *querer, poder, ir* y *tener*** (直説法現在形 querer, poder, ir, tener)

• スペイン語の動詞の原形は、すべて -ar, -er, -ir で終わる

他動詞：目的語（〜に・〜を）を伴う　　自動詞：目的語は伴わない

❶ querer

	S	P
1	quiero	queremos
2	quieres	queréis
3	quiere	quieren

• 〜が欲しい　　querer ＋ 名詞　　**Quiero** café.　　¿**Quieres** un café?
　　　　　　　　　　　　　　　　　　　コーヒー（というもの）　　　コーヒー１杯

• 〜したい　　querer ＋ 動詞の原形　　¿Qué **queréis** hacer? ― **Queremos** viajar.
　　　　　　　　　　　　　　　　　　　　　　　　　　〜する

❷ poder

	S	P
1	puedo	podemos
2	puedes	podéis
3	puede	pueden

• 〜できる（可能）　　　　poder ＋ 動詞の原形　　No **podemos ir** mañana.

• 〜してもよい（許可）　　poder ＋ 動詞の原形　　¿**Puedo ir** a tu casa?

• 〜してくれますか（依頼）　¿poder ＋ 動詞の原形？　¿**Puede** usted **firmar** aquí?
　　　　　　　　　　　　　　　　　　　　　　　　　　ustedは動詞の直後に置かれることが多い

❸ ir

	S	P
1	voy	vamos
2	vas	vais
3	va	van

• 行く　　　　　　　　　　ir ＋ a ＋ 場所　　　　¿Adónde **vas**? ― **Voy a** Tokio.
　　　　　　　　　　　　　　　　　　　　　　　　どこへ

• 〜するつもりだ（近未来）　ir ＋ a ＋ 動詞の原形　Él **va a visitar** España.
　　　　　　　　　　　　　　　　　　　　　　　　　　visitar場所(aは不要)

• 〜しましょう　　　　　　vamos ＋ a ＋ 動詞の原形　**Vamos a comer** un poco.

❹ tener

	S	P
1	tengo	tenemos
2	tienes	tenéis
3	tiene	tienen

- 〜を持っている　　　tener ＋ 名詞　　　No **tengo** coche.　**Tengo** un perro.
　　　　　　　　　　　　　　　　　　　　　　　　車（というもの）　　　　　　犬 1 匹

　　　　　　　　　　　　　　　　　　　　Ella **tiene** diez años.
　　　　　　　　　　　　　　　　　　　　　　　　　　年齢

- 〜しなければならない　tener ＋ que ＋ 動詞の原形　**Tenemos que estudiar**.

2 Interrogativos (4) *adónde, cuánto/a* （疑問詞 adónde, cuánto/a）　🎵50

adónde　　どこへ　　　　¿**Adónde** vas?　— **A** casa.
　　　　　　　　　　　　　　　　　　　　　　〜へ（自分の家は無冠詞）

cuánto/a　　どれくらいの　　¿**Cuántos** días tienes que trabajar?　— Cinco días más o menos.
　　　　　　　　　　　　可算名詞について尋ねる場合、通常複数形

　　　　　　　　　　　　¿**Cuántas** clases tienes hoy?　— Tengo dos clases.
　　　　　　　　　　　　後ろの名詞の性・数に合わせる

3 Adverbios de cantidad (2) *más, menos* （数・量を言う副詞）　🎵51

más（数・量）より多く

- 「もっと〜する」と言う場合は、動詞の後に置く　　　　Quiero comer **más**.

- 「もっと〜な」と言う場合は、形容詞・副詞の直前に置く　Este coche es **más** barato.
　　　　　　　　　　　　　　　　　　　　　　　　　　　　　　　　　　形容詞

　　　　　　　　　　　　　　　　　　　　　　　　　　　Más despacio, por favor.
　　　　　　　　　　　　　　　　　　　　　　　　　　　　　副詞

menos（数・量）より少なく

- 「より少なく〜する」と言う場合は、動詞の後に置く　　　Quiero comer **menos**.

- 「より〜でない」と言う場合は、形容詞・副詞の直前に置く　Este coche es **menos** caro.
　　　　　　　　　　　　　　　　　　　　　　　　　　　　　　　　形容詞

　　　　　　　　　　　　　　　　　　　　　　　　　　　Menos rápido, por favor.
　　　　　　　　　　　　　　　　　　　　　　　　　　　　　副詞

●副詞の形は変化しない。

6

Voy a visitar la Sagrada Familia

Ejercicios

1 次の日本語に合うように、_____ に適する語を書き入れましょう。

(1) 私は紅茶が1杯欲しいです。　　　　　_____ un té negro.

(2) （部屋の前で）私たちは入っていいですか？　¿_____ _____?

(3) 彼らも家に帰らなければなりません。Ellos también _____ _____ ir a casa.

(4) 君たちは明日何をするつもり？　　¿Qué _____ _____ _____ mañana?
映画館に行くつもりだよ。　　　　_____ _____ _____ al cine.

(5) 彼女は魚を食べることができません。Ella _____ _____ _____ pescado.

(6) カフェテリアに行きましょう。　　_____ _____ una cafetería.

(7) 私はとても寒いです。　　　　_____ mucho frío.

(8) あなたはここに来てくれますか？　¿_____ usted _____ aquí, por favor?

2 🎧 次の会話文を音声で聞いて、週末のそれぞれの予定を選択肢から選び、記号を書き入れましょう。

Andrés	Emilia	Guillermo	Mónica	Nicolás
(　　)	(　　)	(　　)	(　　)	(　　)

A: コンサートに行く	**B:** サッカーの練習をする	**C:** ビーチに行く
D: レストランで働く	**E:** 宿題を終える	**F:** 祖父母の家に行く

3 次の日本語に合うように、_____ にスペイン語1文で書きましょう。

(1) 君は何人、兄弟がいますか？　　_____
（自分は含めない）2人います。　_____

(2) 君はどこに行くつもりなの？　　_____

4 次の日本語に合うように、_____ に適する語を書き入れましょう。

(1) 私は働く量を減らすつもりです。

Voy a trabajar _____.

(2) あなたはもっと待たないといけません。

Usted tiene que esperar _____.

(3) （会話中）もっとゆっくりお願いします。

_____ _____, _____ _____.

Diálogo

En el control de entrada
(入国審査で)

Una turista japonesa:	Hola.
Un funcionario español:	Hola. Su pasaporte, por favor.
Una turista japonesa:	Aquí tiene.
Un funcionario español:	Gracias.
Una turista japonesa:	De nada.
Un funcionario español:	¿Qué va a hacer usted en España?
Una turista japonesa:	Voy a visitar la Sagrada Familia.
Un funcionario español:	¿Cuántos días va a estar en Barcelona?
Una turista japonesa:	Cinco días.
Un funcionario español:	Muy bien.
	Hasta luego.
Una turista japonesa:	Gracias, adiós.

6

Voy a visitar la Sagrada Familia

Recreo

知らない町を訪れる際は、その地の観光案内所を頼りましょう。黄色の ❶ マークが目印です。観光地であれば必ず設置されています。そこには観光地についての情報はもちろん、ホテルやレストラン、ミニツアーの案内なども無料で受けることができますよ。

英語はもちろん、マドリードやバルセロナなどの大きな町であれば日本語での案内もありますが、スペイン語を学んでいる皆さんはぜひスペイン語で尋ねてみましょう。

質問がいくつかあることを伝える　**Tengo unas preguntas.**
その場所からの行き方を尋ねる　**¿Cómo puedo ir a 場所 desde aquí?**
何時まで開いているかを尋ねる
　　　　¿Hasta qué hora está abierto/a (場所の性に合わせる)**?**

Hablo español

♪54 **1** Presente de indicativo de verbos regulares （規則動詞直説法現在形）

スペイン語の動詞の原形の語尾　-ar　-er　-ir

<table>
<tr><th colspan="3">hablar</th></tr>
<tr><th></th><th>S</th><th>P</th></tr>
<tr><td>1</td><td>hablo</td><td>hablamos</td></tr>
<tr><td>2</td><td>hablas</td><td>habláis</td></tr>
<tr><td>3</td><td>habla</td><td>hablan</td></tr>
</table>

<table>
<tr><th colspan="3">comer</th></tr>
<tr><th></th><th>S</th><th>P</th></tr>
<tr><td>1</td><td>como</td><td>comemos</td></tr>
<tr><td>2</td><td>comes</td><td>coméis</td></tr>
<tr><td>3</td><td>come</td><td>comen</td></tr>
</table>

<table>
<tr><th colspan="3">vivir</th></tr>
<tr><th></th><th>S</th><th>P</th></tr>
<tr><td>1</td><td>vivo</td><td>vivimos</td></tr>
<tr><td>2</td><td>vives</td><td>vivís</td></tr>
<tr><td>3</td><td>vive</td><td>viven</td></tr>
</table>

- -ar　-er　-irの部分のみ変化する動詞のことを「規則動詞」と呼ぶ
- 現在について述べる　　　　　　　¿Dónde **vives** ahora?　—　**Vivo** en Tokio.
- 習慣について述べる　　　　　　　Elena siempre **lleva** un sombrero bonito.
- 一般的な事実を述べる　　　　　　Los japoneses **comen** con palillos.

　▼よく使われる規則動詞

-ar動詞　　bailar, cambiar, cantar, cenar, comprar, desayunar, escuchar, esperar, estudiar, firmar, llegar, necesitar, pagar, practicar, terminar, tomar, trabajar, viajar

-er動詞　　aprender, beber, comprender, correr, creer, leer, vender

-ir動詞　　abrir, escribir, subir

♪55 **2** Adverbios de cantidad (3) *mucho, no... mucho* （量・頻度を言う副詞・副詞句）

mucho　（量）多く・（頻度）高く　　　　　　　　　Ella habla **mucho** normalmente.

no... mucho　（量）あまり多く〜ない・（頻度）あまり高く〜ない　　Él **no** come **mucho** hoy.

● muchoは動詞の直後に置き、程度を表す。

♪56 **3** Interrogativo (5) *por qué* （疑問詞 por qué）

por qué　なぜ　　¿**Por qué** estudias español? — **Porque** quiero visitar España.
　　　　　　　　　　　　　　　　　　　　　なぜなら

● 文頭に置く。
● 単独でも使える。　　　¿Por qué?
● ¿Por qué?にはPorque....で答える。（アクセントの位置に注意）

4 Preposiciones（前置詞）

a	方向	Llego **a** España pronto.　Voy **al** hospital.
		a + el
	時間	¿**A** qué hora comes?　— Como **a** las 12.
		何時に
	人	¿**A** quién vas a ver?　— Voy a ver **al** profesor.
		に　　　　　会う
en	場所	Ellos trabajan **en** esa empresa.
		〜で
	交通手段	Voy **en** autobús.
		〜で
	言語	**En** español, por favor.
de	出身・起源	¿**De** dónde eres?　— Soy **de** Kioto.
	所有・所属	Es el bolso **de** Fátima.　Es la casa **del** abuelo **de** Ada.
		de + el
	材料	Este paraguas es **de** bambú.
con	同伴	¿**Con** quién coméis?　— Comemos **con** nuestros amigos.
		誰と
		¿Quieres comer **conmigo**?　— Sí, quiero comer **contigo**.
		例外）私と一緒に　　　　　　　　　例外）君と一緒に
	付随	¿No tomas café **con** leche?　— No, tomo té **con** leche.
sin	欠如	Agua, por favor.　— ¿Con gas o **sin** gas?　— **Sin** gas, por favor.
		なしで
para	目的	¿**Para** qué compras verduras?　— **Para** hacer sopa.
		何のために
por	空間	¿**Por** dónde vamos?　— **Por** esta calle.　¿Hay un bar **por** aquí?
		どこを通って　　　　　　　　　　　　　　　　〜のあたりに
	原因・理由	El ascensor no funciona, **por** eso usamos las escaleras.
		それによって（だから）

5 Números cardinales (4)（基数詞） 🎵58

101	105	110	120	135	200
ciento uno/a	ciento cinco	ciento diez	ciento veinte	ciento treinta y cinco	doscientos/as

201	300	400	500	550
doscientos/as uno/a	trescientos/as	cuatrocientos/as	quinientos/as	quinientos/as cincuenta

600	700	800	900	1000
seiscientos/as	setecientos/as	ochocientos/as	novecientos/as	mil

1970	2000	2021	10 000	100 000
mil novecientos/as setenta	dos mil	dos mil veintiuno	diez mil	cien mil

- 101以降の100の位は cientoになる。　103　**ciento** tres
- 101の場合、後ろに名詞が続くと、un、una になる。　101 chicos　　　101 chicas
　　ciento **un**　　　　ciento **una**
- 10の位と一緒に1の位を言う場合のみ yを言う。　185　ciento ochenta **y** cinco
- 1000の位は複数形にならない。　5000　cinco **mil**
- 日本語のように1000の位から1の位の順に言う。　3691　tres mil seiscientos/as noventa y uno
　　　　　　　　　　　　　　　　　　　　　　　　　3　　　　6　　　9　　　1

Ejercicios

① 次の日本語に合うように、＿＿＿＿ に適する語を書き入れましょう。

(1) 私たちは毎朝この窓を開けます。　＿＿＿＿＿＿＿＿ estas ventanas todas las mañanas.

(2) 君は今大学で何を勉強しているの？　¿Qué ＿＿＿＿＿＿＿＿ en la universidad?

スペイン語と英語を勉強しています。　＿＿＿＿＿＿＿＿ español e inglés.

(3) 君たちは何を読んでいるの？　¿Qué ＿＿＿＿＿＿＿＿？

② 🎧 次の質問を音声で聞いて ＿＿＿＿＿ に書きとり、自分の立場で ＿＿＿＿＿ にスペイン語１文で答えましょう。

(1) ¿Qué

(2)

(3)

③ 次の日本語に合うように、＿＿＿＿ に適する語を書き入れましょう。

(1) 私は今日はたくさん買いません。　Hoy no ＿＿＿＿＿＿ ＿＿＿＿＿＿.

(2) 彼らはよく旅行に行きます。　Ellos ＿＿＿＿＿＿ ＿＿＿＿＿＿ de viaje.

④ 次の日本語に合うように、＿＿＿＿ に適する語を書き入れましょう。

(1) 君はなぜスペイン語を学ぶの？　¿＿＿＿＿＿ ＿＿＿＿＿ ＿＿＿＿＿＿ español?

(2) (大学で)私はトイレに行きます。　＿＿＿＿＿＿ ＿＿＿＿＿ baño.

(3) 君たちは時々電車で旅行するの？　¿＿＿＿＿＿ ＿＿＿＿＿ tren a veces?

(4) 私は考えるための時間が必要です。　＿＿＿＿＿＿ tiempo ＿＿＿＿＿ _{時々}pensar.

(5) 氷なしのオレンジジュースをください。

Un zumo ＿＿＿ naranja ＿＿＿ hielo, por favor.

(6) ミゲルは今日トレドに着きます。　Hoy Miguel ＿＿＿＿＿＿ ＿＿＿＿ Toledo.

⑤ 🎧 次の数字を聞き取り、＿＿＿＿ に数字で書き入れましょう。

(1) ＿＿＿＿ (2) ＿＿＿＿ (3) ＿＿＿＿ (4) ＿＿＿＿ (5) ＿＿＿＿ (6) ＿＿＿＿

Diálogo

En una tienda de recuerdos
（ある土産物店で）

Un dependiente español:	*Hello, may I help you?*
Una turista japonesa:	Hablo español.
Un dependiente español:	Ah, muy bien.
	¿Necesitas ayuda?
Una turista japonesa:	De momento, no, gracias.
Un dependiente español:	Hablas muy bien español.
	¿Vives aquí?
Una turista japonesa:	No, no vivo en España, pero estudio español.
Un dependiente español:	¡Qué bien!
Una turista japonesa:	Pues, voy a comprar esta taza.
Un dependiente español:	Muy bien.

Recreo

スペインに暮らす人の多くは、1日に4〜5回の軽食・食事をとります。大人の1日の食事の様子を見てみましょう。

  7:30   **desayuno** (cereales, café con leche, zumo de naranja, etc.)
10:30   **almuerzo** (café, bocadillo de jamón, etc.)
14:00   **comida** (pan, ensalada o sopa, carne o pescado, postre como flan o fruta, etc.)
18:30   **merienda** (cerveza, tapas de aceitunas, ensaladilla, queso, etc.)
21:30   **cena** (pan, sopa, tortilla francesa, etc.)

＜のような

1日のうちで最も重要な食事は、昼食です。
主食はpanです。

Lección 8

Me levanto temprano

 62　**1** **Verbos reflexivos** (再帰動詞)

verse（自分を見る）
原形

<table>
<tr><td colspan="3" align="center">再帰代名詞「自身を」</td></tr>
<tr><td></td><td>S</td><td>P</td></tr>
<tr><td>1</td><td>me</td><td>nos</td></tr>
<tr><td>2</td><td>te</td><td>os</td></tr>
<tr><td>3</td><td>se</td><td>se</td></tr>
</table>

＋

<table>
<tr><td colspan="3" align="center">動詞の活用形「〜を見る」</td></tr>
<tr><td></td><td>S</td><td>P</td></tr>
<tr><td>1</td><td>veo</td><td>vemos</td></tr>
<tr><td>2</td><td>ves</td><td>veis</td></tr>
<tr><td>3</td><td>ve</td><td>ven</td></tr>
</table>

＝

<table>
<tr><td></td><td>S</td><td>P</td></tr>
<tr><td>1</td><td>me veo</td><td>nos vemos</td></tr>
<tr><td>2</td><td>te ves</td><td>os veis</td></tr>
<tr><td>3</td><td>se ve</td><td>se ven</td></tr>
</table>

llamarse（自身を〜と呼ぶ＝〜という名前）

	S	P
1	me llamo	nos llamamos
2	te llamas	os llamáis
3	se llama	se llaman

- 代名詞は活用させた動詞の直前に置く

  ¿Cómo **te llamas**?

  — **Me llamo** Eva.

levantarse（自身を起こす＝起きる）

	S	P
1	me levanto	nos levantamos
2	te levantas	os levantáis
3	se levanta	se levantan

- 他動詞levantar「〜を起こす」→ 自動詞「起きる」に

  ¿A qué hora **te levantas**?

  — **Me levanto** a las seis.

bañarse（自身を入浴させる＝入浴する）

	S	P
1	me baño	nos bañamos
2	te bañas	os bañáis
3	se baña	se bañan

- 否定文はnoを再帰代名詞の前か活用させた動詞の前に置く

  ¿Hoy <u>**no**</u> te **bañas**?

  — No, <u>**no**</u> me **baño** hoy.

sentarse（自身を座らせる＝座る）

	S	P
1	me siento	nos sentamos
2	te sientas	os sentáis
3	se sienta	se sientan

- 再帰代名詞は動詞の原形に付けることもできる

  ¿Quieres **sentarte**? — Sí, gracias.
  原形

  = ¿**Te** quieres sentar?

acostarse（自身を横にする＝寝る・横になる）

	S	P
1	me acuesto	nos acostamos
2	te acuestas	os acostáis
3	se acuesta	se acuestan

- 3人称のseは原形のseと同じ形

  Ella **se acuesta** muy tarde. — Yo también.
  3人称単数形のse

＜よく使われる再帰動詞（1）＞

alegrarse, cuidarse, dedicarse, divertirse, ducharse, encontrarse, enfadarse, esforzarse, maquillarse, peinarse, vestirse

lavarse（自分を洗う）
原形

再帰代名詞「自身に対して」

	S	P
1	me	nos
2	te	os
3	se	se

＋

動詞の活用形「(体の部位)を洗う」

	S	P
1	lavo	lavamos
2	lavas	laváis
3	lava	lavan

＋ 定冠詞 ＋ 体の部位

- 「自分の髪を洗う」 　　　Me **lavo** el pelo.
　　　　　　　　　　　　　自分に対して

lavarse（自身に対して体の部位を洗う＝洗う）

	S		P	
1	me	lavo	nos	lavamos
2	te	lavas	os	laváis
3	se	lava	se	lavan

- 体の部位を定冠詞と共に言う
　Me lavo la cara.

- 体の部位を言わなくても構わない
　Me lavo. (＝ **Me lavo** el cuerpo.)

ponerse（自身に対して～を着せる＝着る（行為））

	S		P	
1	me	pongo	nos	ponemos
2	te	pones	os	ponéis
3	se	pone	se	ponen

- 身につけるものは全て ponerse で表す
　Ahora ella **se pone** un abrigo.
　　　　　　　　　　特定のコートであればel

＜よく使われる再帰動詞（2）＞

cepillarse (los dientes, etc.), cortarse (el pelo, etc.), pintarse (los labios, etc.), probarse (el jersey, etc.), quitarse (los zapatos, etc.)

2 Relativo *que* （関係詞 que）

Tengo un hermano. 　　　Y **él** trabaja en Madrid.
　　　　　　　　　　　　　↓
　　　Tengo un hermano **que** trabaja en Madrid.

- que は２つの文を結び、名詞(先行詞)の説明をする　Este es el libro **que** leo todos los días.
　　　　　　　　　　　　　　　　　　　　　　　　　　　　　　　　私が毎日読む

- que の後はすぐに先行詞を説明する動詞を置く　　　Ella es una persona **que** trabaja mucho.
　　　　　　　　　　　　　　　　　　　　　　　　　　　　　　　　よく働く

Ejercicios

❶ 次の日本語に合うように、＿＿＿＿ にスペイン語1文で書きましょう。

(1) 君は健康に気をつけないといけないよ。 ＿＿＿＿＿＿＿＿＿＿＿＿＿＿＿＿＿＿＿＿

(2) 君たちは座りたいですか？ ＿＿＿＿＿＿＿＿＿＿＿＿＿＿＿＿＿＿＿＿

(3) 私はとても嬉しいです。 ＿＿＿＿＿＿＿＿＿＿＿＿＿＿＿＿＿＿＿＿

(4) 私たちは努力するつもりです。 ＿＿＿＿＿＿＿＿＿＿＿＿＿＿＿＿＿＿＿＿

(5) あなたのお名前は？ ＿＿＿＿＿＿＿＿＿＿＿＿＿＿＿＿＿＿＿＿

❷ 次の日本語に合うように、＿＿＿＿ にスペイン語1文で書きましょう。

(1) 私はこのセーターを試着しても良いですか？

＿＿＿＿＿＿＿＿＿＿＿＿＿＿＿＿＿＿＿＿

(2) 手を洗いましょう。 ＿＿＿＿＿＿＿＿＿＿＿＿＿＿＿＿＿＿＿＿

(3) 私は(自分の)髪を切りたいです。 ＿＿＿＿＿＿＿＿＿＿＿＿＿＿＿＿

(4) 君はそのコートを脱がなければいけません。
（特定）

＿＿＿＿＿＿＿＿＿＿＿＿＿＿＿＿＿＿＿＿

❸ 自分の立場で、＿＿＿＿ に、通常の1日の行動をスペイン語1文で説明しましょう。

(1) 起床時刻

＿＿＿＿＿＿＿＿＿＿＿＿＿＿＿＿＿＿＿＿＿＿＿＿＿＿＿＿＿＿＿＿＿＿

(2) 靴を履く時刻

＿＿＿＿＿＿＿＿＿＿＿＿＿＿＿＿＿＿＿＿＿＿＿＿＿＿＿＿＿＿＿＿＿＿

(3) シャワーまたは入浴する時刻

＿＿＿＿＿＿＿＿＿＿＿＿＿＿＿＿＿＿＿＿＿＿＿＿＿＿＿＿＿＿＿＿＿＿

(4) 1日に歯磨きをする回数

＿＿＿＿＿＿＿＿＿＿＿＿＿＿＿＿＿＿＿＿＿＿＿＿＿＿＿＿＿＿＿＿＿＿

64 ❹ 🎧 次の質問を音声で聞いて＿＿＿＿ に書きとり、自分の立場で＿＿＿＿ にスペイン語1文で答えましょう。

(1) ¿A＿＿＿＿＿＿＿＿＿＿＿＿＿＿＿＿＿＿＿＿＿＿＿＿＿＿＿＿＿＿＿＿＿＿

＿＿＿＿＿＿＿＿＿＿＿＿＿＿＿＿＿＿＿＿＿＿＿＿＿＿＿＿＿＿＿＿＿＿

(2) ＿＿＿＿＿＿＿＿＿＿＿＿＿＿＿＿＿＿＿＿＿＿＿＿＿＿＿＿＿＿＿＿＿＿

❺ 次の日本語に合うように、関係詞que を用いて＿＿＿＿ にスペイン語1文で書きましょう。

(1) あれがセビリアに行くバスです。

＿＿＿＿＿＿＿＿＿＿＿＿＿＿＿＿＿＿＿＿＿＿＿＿＿＿＿＿＿＿＿＿＿＿

(2) こちらが英語を学んでいる私の友達（女性1人）です。

＿＿＿＿＿＿＿＿＿＿＿＿＿＿＿＿＿＿＿＿＿＿＿＿＿＿＿＿＿＿＿＿＿＿

Diálogo

En un autobús

（バスの中で）

Un joven español que está sentado:	Hola, ¿hablas español?
Una turista japonesa:	Sí.
Un joven español que está sentado:	Ah, bien. ¿Eres japonesa?
Una turista japonesa:	Sí.
Un joven español que está sentado:	Yo tengo unos amigos japoneses que estudian español aquí.
Una turista japonesa:	Ah, por eso.
Un joven español que está sentado:	Sí. ¿Quieres sentarte aquí?
Una turista japonesa:	Pues sí, gracias.
Un joven español que está sentado:	Me llamo Óscar. ¿Cómo te llamas tú?
Una turista japonesa:	Me llamo _____. Mucho gusto, Óscar.
Un joven español que está sentado:	Igualmente. 同じく

Recreo

スペイン語を学び始めて数ヶ月、そろそろスペイン語で友達にメールを書いてみましょう。

先生や初対面の人に対しては pág. 45 参照

Querida Rut:　← 相手の性・数に合わせる：Querido/Querida/Queridos/Queridas
　　　　　コロン (:) を置く

Hola, Rut. ¿Cómo estás?　←すべて左に寄せて書く
Yo estoy bien, pero estoy ocupada porque tengo muchos deberes.
Estos días no puedo levantarme temprano y llego tarde a clase…

Este verano voy a visitar Perú con mi hermana.
¿Por qué no vamos juntas? Espero tu mensaje.
　〜するのはどう？

Un abrazo,　←親しい間柄や職場の親しい人への結びの言葉の後、カンマを置く
Clara　←必ず自分の名前を書く

Ven aquí

66 **1** **Presente de indicativo de *saber* y *conocer*** （直説法現在形 saber, conocer）

<table>
<tr><td colspan="3" align="center">saber</td></tr>
<tr><td></td><td align="center">S</td><td align="center">P</td></tr>
<tr><td>1</td><td align="center">sé</td><td align="center">sabemos</td></tr>
<tr><td>2</td><td align="center">sabes</td><td align="center">sabéis</td></tr>
<tr><td>3</td><td align="center">sabe</td><td align="center">saben</td></tr>
</table>

<table>
<tr><td colspan="3" align="center">conocer</td></tr>
<tr><td></td><td align="center">S</td><td align="center">P</td></tr>
<tr><td>1</td><td align="center">conozco</td><td align="center">conocemos</td></tr>
<tr><td>2</td><td align="center">conoces</td><td align="center">conocéis</td></tr>
<tr><td>3</td><td align="center">conoce</td><td align="center">conocen</td></tr>
</table>

- 知識・情報・技能を知っている

Sé español.　　¿**Sabes** nadar?　　No **sé** qué decir.
　　　　　　　　　　動詞の原形：〜の仕方　　　　　　何を言うか

- 人を知っている・体験でよく知っている

No **conozco** a Esperanza.　　　**Conozco** Bolivia.
　　　　　人の前にa（〜を）

67 **2** **Pronombres personales de objeto indirecto** （間接目的格人称代名詞）

<table>
<tr><td colspan="3" align="center">〜に （間接）</td></tr>
<tr><td></td><td align="center">S</td><td align="center">P</td></tr>
<tr><td>1</td><td align="center">me</td><td align="center">nos</td></tr>
<tr><td>2</td><td align="center">te</td><td align="center">os</td></tr>
<tr><td>3</td><td align="center">le</td><td align="center">les</td></tr>
</table>

- 活用させた動詞の直前に置く

Te compro un bocadillo.

- 動詞の原形がある場合は後に付けることができる

Voy a compra**rte** un bocadillo.
= **Te** voy a comprar un bocadillo.

68 **3** **Pronombres personales con preposiciones** （前置詞格人称代名詞）

<table>
<tr><td rowspan="9" align="center">a
前置詞　＋</td><td></td><td align="center">S</td><td align="center">P</td></tr>
<tr><td rowspan="2">1</td><td align="center">mí</td><td align="center">nosotros</td></tr>
<tr><td align="center">nosotras</td></tr>
<tr><td rowspan="2">2</td><td align="center">ti</td><td align="center">vosotros</td></tr>
<tr><td align="center">vosotras</td></tr>
<tr><td rowspan="3">3</td><td align="center">usted</td><td align="center">ustedes</td></tr>
<tr><td align="center">él</td><td align="center">ellos</td></tr>
<tr><td align="center">ella</td><td align="center">ellas</td></tr>
</table>

- 1人称・2人称は強調、3人称は初めて言う時、誰のことかを明らかにできる

A David le compro un bocadillo.
　　└──── = ──┘　（leは省略できない）

4 Imperativo afirmativo （肯定命令形）

「君」に対する肯定命令　3人称単数現在形と同じ形

hablar → **habla**　　　comer → **come**　　　escribir → **escribe**

- 「私に」などの代名詞をつける場合は、命令形に付ける　　**Di**me.　**Escríbe**me.
　　　　　　　　　　　　　　　　　　　　　　　　　　　　↑
- 再帰動詞の場合 ← 音節が増えたため、動詞のアクセントの位置を保つべく符号をつける

levantarte → **levánta**te　　sentarte → **siénta**te　　acostarte → **acuésta**te

- 不規則形の動詞

decir → **di**　　　　ir → **ve**　　　　hacer → **haz**

poner → **pon**　　　venir → **ven**　　　tener → **ten**　　　salir → **sal**

「君たち」に対する肯定命令　動詞の原形の最後のrをdに

hablar → **habla**d　　　comer → **come**d　　　escribir → **escribi**d

- 「私に」などの代名詞をつける場合は、命令形に付ける　　**Decid**me.

- 再帰動詞の場合　dがなくなる

levantaros → **levantaos**　　　sentaros → **sentaos**　　　acostaros → **acostaos**

5 Nombres familiares （愛称）

- 名前は省略されるだけでなく、元の名前が分からないほど変わる場合が多い

＜男性名＞　（例）

Francisco → **Paco, Fran, Cisco**　　José → **Pepe**　　　Enrique → **Quique**

Antonio → **Toni, Toño**　　　　　Alejandro → **Ale, Alex**　Ramón → **Moncho**

＜女性名＞　（例）

Concepción → **Concha**　　　Dolores → **Lola**　　　Mercedes → **Merche**

María Isabel → **Maribel**　　Josefa → **Pepa, Fina**　　Francisca → **Paca**

6 Vocativo （呼びかけ語）

● 人の名前を言う時は、通常は文末に置く　　　　　Habla más alto, **Juana**.
　　　　　　　　　　　　　　　　　　　　　　　書く時は、直前にカンマ(,)をつける

● 注意を呼びかける時は、文頭に置くことが多い　　**Jorge**, ven.

● 名前が分からない時は、「少年」「少女」のchico, chicaがよく使われる　　Oye, **chica**.

Ejercicios

❶ 次の日本語に合うように、_____ に適する語を書き入れましょう。

(1) 私は運転できません。(運転の仕方を知らない)

No _____ _____.

(2) あなたはセシリアを知っていますか？

¿_____ usted _____ Cecilia? － Sí.

(3) (道の途中で) 私たちはこの道を知っています。

_____ este camino.

(4) 君たちはベニートがどこにいるか知っている？

¿_____ dónde está Benito? － No.

❷ 次の日本語に合うように、_____ に適する語を書き入れましょう。

(1) 僕は君たちにメールを書くよ。 _____ escribo un mensaje.

(2) 私は君にひとつ質問したい。 Quiero _____ una cosa.

(3) 君は彼に話しかけるつもりなの？ ¿_____ vas _____ hablar a él?

(4) 君は私たちにケーキを作ってくれるの？ ¿Vas a _____ una tarta?

❸ 次の日本語に合うように、_____ に適する語を書き入れましょう。

(1) 私は彼らに全部話すつもりです。 _____ voy a decir todo ____ _____.

(2) ありがとう。 _____.

どういたしまして (君に)。 ____ _____.

❹ 次の日本語に合うように、_____ に適する語を書き入れましょう。

(1) 君、そのドアを開けて。 _____ la puerta, por favor.

(2) 君、私にスープを作って。 _____ una sopa.

(3) 君、その本をそこに置いて。 _____ el libro ahí.

(4) 君、体に気をつけて。 _____ mucho.

❺ 次の日本語に合うように、_____ に適する語を書き入れましょう。

(1) 君たち、もっと速く走って。 _____ más rápido.

(2) 君たち、手を洗って。 _____ _____ _____ .

(3) 君たち、私に言いなさい。 _____.

❻ 次の状況で言うセリフをスペイン語1文で書きましょう。

(1) 早口で話す友人 Alejandro _____

(2) 外は0度なのにセーター1枚だけの友人 _____

(3) 隣の部屋にいる友人たちに来てもらいたい _____

Diálogo

En una calle

(ある通りで)

Una joven española con una perra:	¡*Mochi*, ven aquí!
Un turista japonés:	¿Eh? (犬を止める)
Una joven española con una perra:	Ah, gracias. Es muy activa.
Un turista japonés:	De nada. Perdón, ¿cómo se llama tu perra? ¿*Mochi*?
Una joven española con una perra:	Sí, se llama *Mochi*. Eres japonés, ¿verdad?
Un turista japonés:	Sí, por eso.
Una joven española con una perra:	Ja, ja, ja, porque es blanca como la pasta de arroz. のように
Un turista japonés:	Es verdad. ¿Conoces Japón?
Una joven española con una perra:	Todavía no, pero quiero ir algún día. いつか
Un turista japonés:	Sí, ven a Japón.

9

Ven aquí

Recreo

スペインにも新幹線があることを知っていますか？
Alta Velocidad Española(スペイン高速鉄道)の頭文字をとってAVEと呼ばれます。速度も日本の新幹線と同じくらいで、例えば、マドリード‐バルセロナ間を約2時間半で結んでいます。

乗る前には空港のように、人と荷物のセキュリティチェックを受けることが義務づけられていますので、AVEに乗る際は時間に余裕を持って行きましょう。

有人窓口で切符を買う場合のフレーズ、
¿Puede dar**me** un billete para Sevilla, por favor?
¿**Me** da una ida y vuelta para Valencia, por favor? はもう言えますね。

Lección 10

Me gusta aprender español

♪73 **1 Presente de indicativo de _gustar_** (動詞gustar直説法現在形)

主語が ～に 気に入らせる ＝ ～は 主語が 好き

	S	P
1	me	nos
2	te	os
3	le	les

＋

	S	P
1	—	—
2	—	—
3	gust**a**	gust**an**

＋

主語

固有名詞

動詞の原形

定冠詞＋名詞
所有詞＋名詞
指示詞＋名詞

• 一般的に動詞gustarの活用形は主語が第三者のため、3人称   主語が**単数**   Me gust**a** Argentina.
    自分でも相手でもない

                          主語が**複数**   Me gust**an** los gatos.

• 否定を言う時は、noを最初に置く   **No** me gusta esquiar.

• 疑問文は、肯定文に疑問符をつけ、上げ調子   ¿Te gusta viajar? ⤴

• 答え方は、Sí、Noで答える   **Sí**, me gusta (viajar). / **No**, no me gusta (viajar).
                                    主語は省略されることが多い

• 主語は人名・地名・動詞の原形・普通名詞   人名・地名   Me gusta **España**.
                                          そのまま

                            ～すること   Me gusta **estudiar**.
                                          動詞の原形

                            普通名詞   Me gusta **el café**.
                                          定冠詞＋名詞

• 主語に地名であっても普通名詞を伴う場合は定冠詞が付く Me gusta **el castillo de Himeji**.

• 可算名詞を主語にするときは複数形に   Me gust**an** las uvas.
 不可算名詞を主語にするときは単数形に   Me gust**a** el té.

• 主語の動詞の原形が2つ以上続く場合はgustarは単数形 Me gust**a** correr y hacer ejercicios.

• 程度を言う時はmuchoをgustarの直後に置く

               とても好き   Me gusta **mucho** España.

             あまり好きではない   **No** me gusta **mucho** nadar.

- 「全く好きではない」と言う時は、否定文でnadaをgustarの直後に置く

No me gusta **nada** bailar.

- 名詞を主語にする時、定冠詞の代わりに所有詞や指示詞も用いる

スープ(というもの)が好き	Me gusta **la** sopa.
自分のスープが好き	Me gusta **mi** sopa.
このスープが好き	Me gusta **esta** sopa.

2 Énfasis y aclaración de pronombre personal en caso del verbo *gustar* ♪74
(動詞gustarを使う時の強調や人称の明確化)

- 人称を強調する時や、明確にする時は、a＋人称代名詞を用いる

a +

	S	P
1	mí	nosotros nosotras
2	ti	vosotros vosotras
3	usted él ella	ustedes ellos ellas

=

	S	P
1	me	nos
2	te	os
3	le	les

- a＋前置詞格人称代名詞は通常、文頭に置く

  A mí no **me** gustan las fiestas.

- 間接目的格人称代名詞(〜に)は省略できない

  ¿**A ti te** gusta la paella?
  省略できるのはa tiの方

- 相手に尋ねる時は、¿a＋前置詞格人称代名詞？

  ¿Y **a ti**? ¿Y **a usted**? ¿**A vosotros**?
  mí, ti以外は主格人称代名詞   Yは省略されることも

- 相手の言い方次第で次の話し手の表現は変わる

A: 💔 **No** me gusta la paella.

B: 🩶 A mí **sí**, mucho. ¿Y a ti?　　前の人の文が否定形であっても自分の意見が「肯定」の時は **sí**

C: 🩶 A mí **también**. ¿Y a vosotros?　「肯定」が続く時は **también**

D: 💔 A mí **no**.　　自分の意見が「否定」の時は **no**

E: 💔 A mí **tampoco**.　　「否定」が続く時は **tampoco**

Ejercicios

① 次の日本語に合うように、_____ にスペイン語1文で書きましょう。

(1) 君はコーヒーは好き？　　　　　　　_____

うん、とても好き。　　　　　　　　_____

(2) 私は歌うことと踊ることが好きです。_____

(3) 君はこの写真(複数)は好きじゃないの？_____

うん、あまり好きじゃない。　　　　_____

(4) 君たちは船で旅行することは好き？　_____

いいや、船は好きではないんだ。　　_____

(5) 私は早く起きることが全く好きではありません。

_____

② 🎧 次の質問を音声で聞いて .... に書きとり、自分の立場で _____ にスペイン語1文で答えましょう。

(1) ¿Te ....

_____

(2) ....

_____

(3) ....

_____

③ 次の会話文に合うように、_____ に適する語を書き入れましょう。

私は猫が好きです。　　_____ _____ _____ _____.

僕も。　　　　　　　　_____ _____ _____.

私は犬が好き。　　　　____ ____ ____ _____ _____ _____.

私は嫌い。　　　　　　_____ _____ _____.

僕たちも(嫌い)。　　　_____ _____ _____.

④ 🎧 次の音声をよく聞き取り、次の人物の ( ) に◎(とても好き)、○(好き)、△(あまり好きではない)、×(好きではない)、××(全然好きではない)のいずれかをつけましょう。

Fran　　　　Penélope　　　Quique　　　Marta　　　Moncho

(　　　)　　(　　　)　　(　　　)　　(　　　)　　(　　　)

Diálogo

En un bar
（あるバルで）

Un camarero español: Hola. ¿Qué vas a tomar?

Una turista japonesa: Hola.

Quiero tomar paella, pero no me gusta el marisco.

Un camarero español: Hay paellas sin marisco también.

¿Te gusta la carne?

Una turista japonesa: Sí, me gusta mucho la carne.

Un camarero español: De acuerdo, ¿te gustan las verduras también?

Una turista japonesa: Sí, sin problema.

Un camarero español: Entonces te va a gustar la paella valenciana.

Una turista japonesa: ¿Qué lleva esa paella?

Un camarero español: Lleva pollo, carne de conejo y judías.

Una turista japonesa: Perfecto.

Recreo

スペイン語で先生や初対面の人にメールを書く際のルールも知っておきましょう。
「〜さん」の時は、Estimado Sr. López: / Estimada Sra. López: のように書きましょう。

Estimado profesor Jiménez:　← estimado(s)/a(s) は、相手の性・数に合わせる
　　　　pは小文字　コロン(:)を置く
¿Cómo está?
¿Puedo ir a su despacho este viernes a las diez de la mañana?
Tengo unas preguntas.

Espero su respuesta.
Muchas gracias.　←日本と異なり、何かを頼む際は、前もってお礼を言う(返事にもお礼を言う)

Un saludo cordial,　←あらたまった間柄の人や初対面の人への結びの言葉
Clara Loyola Cela　←必ずフルネームで名前を書く

¿Qué has dicho?

1 **Pronombres personales de objeto directo** (直接目的格人称代名詞)

〜を（直接）

	S	P
1	me	nos
2	te	os
3	lo / la	los / las

- 3人称は既出の名詞(人・動物・物)の言い換え

Compro **aquella casa**.

女性・単数

名詞の性・数に合わせる **La** compro.
それを

- 活用させた動詞の直前に置く

¿**Nos** conoces?

- 動詞の原形がある場合は、付けることができる

Quiero saber**lo**.

原形

= **Lo** quiero saber.

- 抽象的なことや「そのことを」は lo を使う

Lo comprendo.
そのことを

- 命令形で、「それを」などの代名詞は、動詞に付ける

Cóme**lo**.

- 間接目的格人称代名詞と共に言う場合(「〜に…を」)、「間接＋直接」の順

Te lo compro.　　　　**Se** lo compro (**a Ángel**).　　　　**Se** lo digo (**a ellos**).
〜に …を　　　　3人称は se に変化 (× ~~Le~~ lo compro.)　　　= (× ~~Les~~ lo digo a ellos.)

		S	P
a +	1	mí	nosotros / nosotras
	2	ti	vosotros / vosotras
	3	usted / él / ella	ustedes / ellos / ellas

=

	S	P
1	me	nos
2	te	os
3	lo / la	los / las

- a＋前置詞格人称代名詞で、1人称・2人称は強調、3人称は初めて言う時、誰のことかを明らかにできる

La voy a ver **a usted** mañana.
=

2 Pretérito perfecto de indicativo （直説法現在完了形）

haber

	S	P
1	he	hemos
2	has	habéis
3	ha	han

+ 過去分詞 +
$\left(\begin{array}{l} \text{ahora} \\ \text{hoy} \\ \text{esta semana} \\ \text{este mes} \\ \text{este año} \end{array}\right)$

過去分詞 （形は性・数変化しない）

<規則変化>　hablar → hablado

comer → comido

vivir → vivido

<不規則変化>
hacer → hecho	volver → vuelto
decir → dicho	morir → muerto
abrir → abierto	romper → roto
escribir → escrito	ver → visto
poner → puesto	

- 現在に及ぶ過去の出来事や状況を表す

　Ella **ha visitado** Costa Rica.
　　訪れたことがある（経験）

- 起こったばかりの出来事や状況を表す

　He comido hace cinco minutos.
　食べたばかり（完了）　～前

- 再帰代名詞や目的格人称代名詞は動詞 haber の活用形の直前に置く

　Ellos se **han levantado** a las diez hoy.

- 時を表す副詞（句）と共に言われることが多い

　Nunca hemos estado en Colombia.

　（＝**No** hemos estado en Colombia **nunca**.）
　　　行ったことがない

ahora	hace poco	hoy	esta mañana	este mes	este año	hasta ahora	nunca(no... nunca)
今	少し前に	今日	今朝	今月	今年	今まで	一度もない（決して…ない）

3 Participio pasado （過去分詞）

- 過去分詞は形容詞として用いる（名詞の性・数に合わせる）

　　　先週　　la semana **pas**ad**a** ← pasar
　　　　　　　　週　　　　過ぎた

　　　　　Ell**as** están **cans**ad**as**. ← cansar
　　　　　　　　　　　　　疲れた

- 動詞 estar と共に用いると、状態（行為の結果）を表す（名詞の性・数に合わせる）

　　　El vuelo **está cancel**ad**o**. ← cancelar
　　　　　　　　　　キャンセルされた

　　　Las tiendas **están abi**ert**as**. ← abrir
　　　　　　　　　　　　　開けられた

- ser 動詞と共に用いると受け身になる

　　　Cristina **es quer**id**a por** todos. ← querer
　　　　　　　愛された　　　～によって

Ejercicios

① 次の日本語に合うように、＿＿＿＿に適する語を書き入れましょう。

(1) 君はプレゼントが何か知りたい？   ¿＿＿＿＿＿ ＿＿＿＿＿ qué es el regalo?

　　うん、そのことを知りたい。   ＿＿＿＿, ＿＿＿＿＿ ＿＿＿＿＿＿＿.

(2) 君たちはルイサとマリサを知らないの？   ¿No conocéis a Luisa y Marisa?

　　いや、彼女たちのことは知ってるよ。   ＿＿＿＿, ＿＿＿＿ ＿＿＿＿＿＿.

(3) 申し訳ありません (私はそのことを申し訳なく思う)。   ＿＿＿＿ siento mucho.

(4) 君、私を助けてくれる？   ¿Puedes ＿＿＿＿＿＿？

② 次の日本語に合うように、＿＿＿＿にスペイン語1文で書きましょう。

(1) 私はチリに一度も行ったことがありません。

＿＿＿＿＿＿＿＿＿＿＿＿＿＿＿＿＿

(2) (el mensaje を指して) まだ私はそれを読んでいません。

＿＿＿＿＿＿＿＿＿＿＿＿＿＿＿＿＿

(3) 君たちは今日何時に家に着いたの？   ＿＿＿＿＿＿＿＿＿＿＿＿＿＿＿＿＿

(4) 私は今髪を切ってきたところです。   ＿＿＿＿＿＿＿＿＿＿＿＿＿＿＿＿＿

③ 🎧 次の質問を音声で聞いて ＿＿＿＿ に書きとり、自分の立場で ＿＿＿＿ にスペイン語1文で答えましょう。

¿Qué ＿＿＿＿＿＿＿＿＿＿＿＿＿＿＿＿＿＿

＿＿＿＿＿＿＿＿＿＿＿＿＿＿＿＿＿＿＿＿

④ 次の日本語に合うように、＿＿＿＿に適する語を書き入れましょう。

(1) お皿が割れています。   Los platos ＿＿＿＿＿＿ ＿＿＿＿＿＿.

(2) 僕たちはとても心配しています。   ＿＿＿＿＿＿ muy ＿＿＿＿＿＿.

(3) (手紙・メール) 親愛なるエバへ   ＿＿＿＿＿＿ Eva:

Diálogo

Con una chica española en una cafetería
（カフェテリアで仲良くなったスペイン人女性と）

Una joven española: ¿Dónde has estado en España hasta ahora?

Un turista japonés: Pues, he visitado Andalucía, País Vasco y Madrid.

Una joven española: ¡Muy bien!

¿No has ido a Santiago de Compostela?

Un turista japonés: ¿Qué has dicho?

Una joven española: ¿No has estado en Santiago de Compostela?

Es una ciudad conocida por una catedral muy antigua y bonita.

Un turista japonés: ¿Sí? No lo sé.

Una joven española: Pues, está en Galicia, está en el norte.

(Con un mapa) Mira, está aquí.

Un turista japonés: Ah, no.

No he tenido tiempo para ir allí esta vez.

Una joven española: ¡Qué pena!

Recreo

本文中では、**¿Qué has dicho?** と言っていますが、聞き返しの表現は他にもあります。

¿Perdón?	（目上・初対面の相手に対して）
¿Cómo? / ¿Cómo has dicho?	（親しい相手に対して）
Otra vez, por favor.	（繰り返してほしいとき）

相手の話すスピードが速すぎて聞き取れない場合は、このように言いましょう。

Más despacio, por favor.　（もっとゆっくりでお願いします）

また、相づちには、以下のようなものがあります。意識して言ってみましょう。

Ah, ¿sí?🎵（そうなの？）	**Ah, sí....**🎵（そうなんだ）	**Es verdad.**（確かに）
¿De verdad?（本当？）	**¡Vaya! / ¡Madre mía!**（まあ！）	**¡Increíble!**（信じられない！）

¿Qué cenaste anoche?

[83] **1** **Pretérito indefinido de indicativo** (直説法点過去形)

<規則動詞> -ar -er -irの部分のみ変化する

hablar

	S	P
1	hablé	hablamos
2	hablaste	hablasteis
3	habló	hablaron

comer

	S	P
1	comí	comimos
2	comiste	comisteis
3	comió	comieron

vivir

	S	P
1	viví	vivimos
2	viviste	vivisteis
3	vivió	vivieron

<不規則動詞>

tener

	S	P
1	tuve	tuvimos
2	tuviste	tuvisteis
3	tuvo	tuvieron

estar

	S	P
1	estuve	estuvimos
2	estuviste	estuvisteis
3	estuvo	estuvieron

ser / ir

	S	P
1	fui	fuimos
2	fuiste	fuisteis
3	fue	fueron

hacer

	S	P
1	hice	hicimos
2	hiciste	hicisteis
3	hizo	hicieron

poder

	S	P
1	pude	pudimos
2	pudiste	pudisteis
3	pudo	pudieron

ver

	S	P
1	vi	vimos
2	viste	visteis
3	vio	vieron

decir

	S	P
1	dije	dijimos
2	dijiste	dijisteis
3	dijo	dijeron

dormir

	S	P
1	dormí	dormimos
2	dormiste	dormisteis
3	durmió	durmieron

• 終わった行為や過去の状況を述べる（期間の長さは関係しない）

¿Cuándo **hablaste** con ella? — La semana pasada.

Anoche **llovió** mucho, pero hoy no ha llovido.

Ellos **vivieron** veinte años en Ecuador.

• 過去を表す副詞(句)と共に使われることが多い

¿Adónde **fuiste ayer**? — **Fui** al centro de la ciudad.

anoche	ayer	anteayer	la semana pasada	el mes pasado	en el 2021	hace un año
昨夜	昨日	一昨日	先週	先月	2021年に	1年前に

2 Pretérito imperfecto de indicativo （直説法線過去形）

<＜規則動詞＞> -ar -er -irの部分のみ変化する

hablar

	S	P
1	hablaba	hablábamos
2	hablabas	hablabais
3	hablaba	hablaban

comer

	S	P
1	comía	comíamos
2	comías	comíais
3	comía	comían

vivir

	S	P
1	vivía	vivíamos
2	vivías	vivíais
3	vivía	vivían

<＜不規則動詞＞> 以下の３つのみ

ser

	S	P
1	era	éramos
2	eras	erais
3	era	eran

ir

	S	P
1	iba	íbamos
2	ibas	ibais
3	iba	iban

ver

	S	P
1	veía	veíamos
2	veías	veíais
3	veía	veían

- 過去における習慣を述べる　　　　¿Qué **comías** entonces? ― Pues, siempre **comía** curry.

- 過去における描写を述べる　　　　**Había** un pueblo muy bonito e **iba** mucho allí.
  「いつ終わったか」を問題にしない

- 頻度を表す副詞(句)と共に使われることが多い　　　**Quería** ir al cine **a veces**.

a veces	a menudo	mucho	siempre	todos los días	antes
時々	頻繁に	よく	いつも	毎日	以前

3 Conjunción (3) *cuando* （接続詞 cuando）

cuando （〜する）時　　　**Cuando** éramos niños, jugábamos mucho al tenis.

= Jugábamos mucho al tenis **cuando** éramos niños.

- cuandoは文頭か文と文の間に置く。
- アクセント符号は不要。

Ejercicios

① 次の日本語に合うように、＿＿＿＿＿に適する語を書き入れましょう。

(1) 昨夜君たちはテレビを見た？　¿＿＿＿＿＿＿＿ la televisión ＿＿＿＿＿＿＿?

うぅん、見なかったよ。　No, no la ＿＿＿＿＿＿＿.

(2) 君は昨日何時間勉強したの？　¿＿＿＿＿＿ horas ＿＿＿＿＿ ＿＿＿＿＿?

2時間勉強したよ。　＿＿＿＿＿＿ dos ＿＿＿＿＿.

(3) 一昨日、私は高熱がありました。　＿＿＿＿＿ mucha fiebre ＿＿＿＿.

(4) 10年間、彼らはここに住んでいた。 Ellos ＿＿＿＿＿ aquí diez años.

(5) 1週間前に私は階段で転びました。

＿＿＿＿ ＿＿＿＿ por las escaleras ＿＿＿＿ una semana.

② 🎧 次の音声を聞いて＿＿＿に書きとり、自分の立場で＿＿＿にスペイン語1文で答えましょう。

(1) ¿Qué ＿＿＿＿＿＿＿＿＿＿＿＿＿＿＿＿＿＿＿＿

＿＿＿＿＿＿＿＿＿＿＿＿＿＿＿＿＿＿＿＿＿＿＿＿＿

(2) ＿＿＿＿＿＿＿＿＿＿＿＿＿＿＿＿＿＿＿＿＿＿＿＿＿

＿＿＿＿＿＿＿＿＿＿＿＿＿＿＿＿＿＿＿＿＿＿＿＿＿

③ 次の日本語に合うように、＿＿＿＿＿に適する語を書き入れましょう。

(1) 彼らは元気でしたよ。　Ellos ＿＿＿＿＿＿ muy bien.

(2) 私はそのことを知りませんでした。　No lo ＿＿＿＿＿＿.

(3) 私たちはいつもビーチに行っていたね。＿＿＿＿＿＿ a la playa ＿＿＿＿＿.

(4) 私は出かけるのが好きでした。　Me ＿＿＿＿＿＿ salir.

(5) その時、午前3時でした。　Entonces ＿＿＿＿＿ las tres de la mañana.

④ 次の日本語に合うように、＿＿＿＿＿に適する語を書き入れましょう。

(1) 私が部屋に入った時、彼女はコーヒーを飲んでいた。

Ella ＿＿＿＿＿＿ café ＿＿＿＿＿＿ ＿＿＿＿ en la habitación.

(2) 私たちが小さかった時、あそこに庭があったんだ。

＿＿＿＿＿＿ nosotras ＿＿＿＿＿＿ pequeñas, ＿＿＿＿＿ un jardín allí.

⑤ 🎧 次の音声を聞いて＿＿＿に書きとり、自分の立場で＿＿＿にスペイン語1文で答えましょう。

(1) ¿A ＿＿＿＿＿＿＿＿＿＿＿＿＿＿＿＿＿＿＿＿＿

＿＿＿＿＿＿＿＿＿＿＿＿＿＿＿＿＿＿＿＿＿＿＿＿＿

(2) ＿＿＿＿＿＿＿＿＿＿＿＿＿＿＿＿＿＿＿＿＿＿＿＿＿

＿＿＿＿＿＿＿＿＿＿＿＿＿＿＿＿＿＿＿＿＿＿＿＿＿

Diálogo

En un hospital

(病院で)

Una turista japonesa: Buenas tardes.

Un médico español: Hola, buenas tardes.

¿Qué te pasa?

Una turista japonesa: Pues, no estoy bien.

Tengo dolor de estómago.

Un médico español: Vamos a ver, ¿qué cenaste anoche?

Una turista japonesa: Nada, porque me empezó a doler ayer por la tarde.

Un médico español: Entonces, ¿por qué no viniste al hospital ayer?

Una turista japonesa: Porque no quería salir de la habitación del hotel.

Un médico español: ¿Has tomado medicina para el dolor?

Una turista japonesa: No, todavía no.

Anoche bebí solo agua.

Un médico español: Entonces, te voy a dar una pastilla para el dolor.

Una turista japonesa: De acuerdo, gracias.

Recreo

万が一、旅先で病院に行かなければならなくなった時のために、症状を訴える表現を見ておきましょう。

〜が痛い	Tengo dolor de 体の部位 (手で押さえて伝えてもいい).
咳が出る	Tengo (mucha) tos.
お腹を下している	Tengo diarrea.
吐き気(悪寒)がする	Tengo náuseas (escalofríos).
階段で転んだ	Me caí por las escaleras.

アクティブ・スペイン語　改訂版

検印
省略

© 2021 年 1 月 30 日　初 版 発 行
2022 年 1 月 30 日　第 2 刷 発 行
2023 年 1 月 30 日　改訂初版発行
2024 年 1 月 30 日　改訂第2刷発行

著　者　　　　Sayaka Shiota

発行者　　　　原　　雅　久

発行所　　　株式会社 朝 日 出 版 社
〒101-0065 東京都千代田区西神田 3-3-5
TEL (03) 3239-0271 · 72（直通）
振替口座 東京 00140-2-46008
http://www.asahipress.com/
メディアアート / 図書印刷